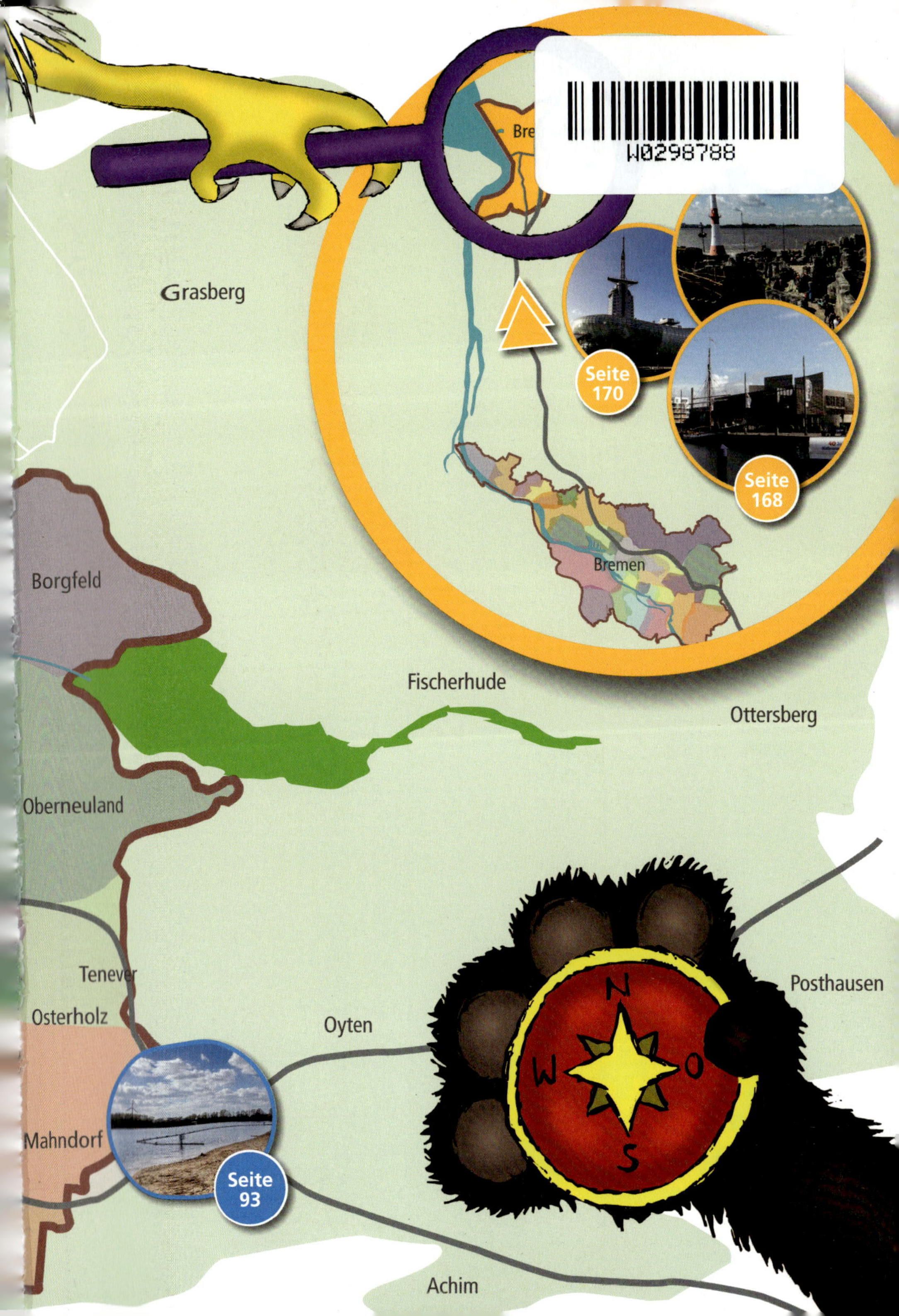

Grasberg
Bre
Seite 170
Seite 168
Bremen
Borgfeld
Fischerhude
Ottersberg
Oberneuland
Tenever
Osterholz
Oyten
Posthausen
N
W
O
S
Mahndorf
Seite 93
Achim

Die in diesem Buch zusammengestellten Informationen
sollen die Grundlage für eine schöne Reise sein und
bei der Planung unterstützen.

Dankbar sind wir über jede Mithilfe in Form von
Verbesserungsvorschlägen, Wünschen, Kommentaren
sowie Kritik und natürlich ganz besonders Lob!

Wir freuen uns von Euch zu hören!

schreibs@scio-verlag.de

VORWORT

Als Familie zu reisen, war uns schon immer wichtig und hat uns in unserem Leben viel Freude bereitet.

Mit viel Liebe haben wir einen Reiseführer gestaltet, um Euch nichts anderes als unsere wundervolle Heimatstadt Bremen vorzustellen.

Allein hätten wir das aber wohl niemals geschafft, deswegen haben wir uns tierische Unterstützung besorgt! Und wer wäre besser geeignet als die berühmten Bremer Stadtmusikanten? Wie? Kennt Ihr nicht?

Na gut, dann lasst Euch mal überraschen, was dieses tierische Quartett so alles erlebt...

Euer Scio Verlag

Unsere Geschichte

Es war einmal… Papperlapapp! So fangen alle Märchen an. Ihr wollt an unserer Geschichte teilhaben und vieles über die wunderschöne Hansestadt Bremen lernen? Dann dürft Ihr jetzt nicht aufhören zu lesen und solltet uns weiter durch das Buch folgen. Aber beginnen wir doch von vorne, nämlich genau an dem Punkt, wo wir vier uns das erste Mal getroffen haben.

Ihr kennt doch bestimmt Mühlen, in denen das Korn von den Feldern der Bauern gemahlen wird? Hier habe ich, Erik der Esel, täglich schwere Körnersäcke hingeschleppt, um mir meinen Lebensunterhalt zu verdienen. Doch irgendwann taten mir meine Knochen von der schweren Arbeit so weh, dass ich die Schlepperei sein ließ und mir ein neues Abenteuer suchte. Mir war zu Ohren gekommen, dass in der Ferne die großartige Stadt Bremen lag, und so machte ich mich auf, um diese kennenzulernen. Ihr müsst wissen, dass ich schon immer davon geträumt habe, Musik zu machen. Warum sollte das also nicht in Bremen klappen? Ich zog dahin und traf auf dem Weg meinen neuen Freund, den Hund Fiete.

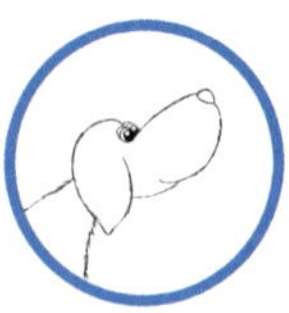

Puh! Der Esel hat mir mein Leben gerettet, das kann ich Euch sagen. Ich war am Boden zerstört, denn mein Herrchen wollte mich nicht mehr haben. Und das nur, weil ich nicht mehr der Jüngste bin und ihn nicht mehr auf die Jagd begleiten kann. So saß ich am Straßenrand, ohne Futter, ohne einem Dach über dem Kopf und wusste nicht ein, nicht aus. Auf einmal stand Erik neben mir und fragte mich, ob wir nicht gemeinsam nach Bremen ziehen wollten, um in der Stadt zu musizieren. Das ließ ich mir nicht zweimal sagen und folgte ihm. Er wollte die Laute spielen und ich sollte die Pauke schlagen.

So trotteten wir dahin und sahen nach kurzer Zeit eine Katze am Straßenrand sitzen. Auch sie war allein und machte ein Gesicht wie sieben Tage Regenwetter. Wir hielten neben ihr an und fragten, was ihr denn für eine Laus über die Leber gelaufen sei.

„Nur weil ich alt bin und keine Lust mehr habe, Mäuse zu fangen, möchte mich mein Frauchen nicht mehr haben. Nun sitze ich hier und weiß nicht, wohin ich gehen kann."

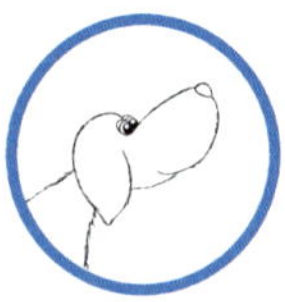

Da kam Erik die Idee, die Katze einfach zu fragen, ob sie nicht mit nach Bremen kommen möchte. Die Katze miaute laut, tänzelte uns zwischen den Beinen herum und freute sich über die Einladung: „Ich heiße Karla", stellte sie sich vor und folgte uns nun schnurstracks auf unserem Weg nach Bremen.

Jetzt waren wir als munteres Trio unterwegs. Wir plauderten und kamen an einem Bauernhof vorbei. Auf dem Tor saß ein Hahn, der so laut schrie, dass es uns allen in den Ohren wehtat. „Mann, Mann, dein Schreien ist ja furchtbar“, riefen wir drei im Chor.

„Tagein, tagaus sitze ich auf dem Tor und sage gutes Wetter voraus. Und nun findet hier auf dem Hof morgen ein Fest statt, für das ich natürlich schönes Wetter prophezeit habe, aber wisst ihr was? Die Bäuerin möchte mich als Festessen den Gästen servieren! Mir fehlen die Worte. Nun sitze ich hier und krähe mein Unglück in die Welt hinaus!“

„Ach herrje, du Rotkopf. Zieh doch lieber mit uns gemeinsam nach Bremen und mach' Musik. Du hast bestimmt eine wundervolle Stimme.“

„Das gefällt mir!“, sagte ich, „Mein Name ist Jonte und wie heißt ihr?“

So wuchs unsere Gruppe auf vier an der Zahl.

Da die Stadt aber ein ganz schönes Stück entfernt lag, mussten wir uns eine Schlafgelegenheit suchen. Wir hielten in einem dunklen Wald an und ich kann Euch sagen, das war wirklich gruselig. Aber wir waren so müde, dass Erik und Fiete es sich auf dem Boden unter einem großen Baum bequem machten. Karla kletterte hinauf, um sich dort zwischen den Ästen einen Schlafplatz zu suchen und ich flog bis an die Spitze des Baumes, wo ich mich am wohlsten fühle. Von hier oben hatte ich einen großartigen Ausblick und siehe da, ich erspähte ein kleines helles Licht in der Ferne. Ich krähte und die anderen drei wunderten sich, was denn los sei. „Hey Leute, ich habe im Wald ein Licht gesehen! Es scheint nicht sehr weit entfernt zu sein. Lasst uns doch schauen, ob wir dort ins Warme können.“

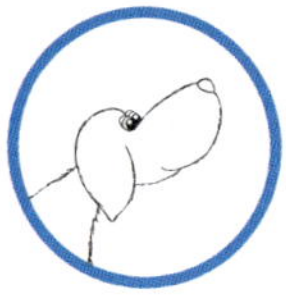

Ich leckte mir die Schnauze, denn ich hatte ziemlichen Hunger und erhoffte mir dort vielleicht einen Knochen mit etwas Fleisch daran. Also liefen wir vier wieder los, um dem Licht zu folgen. Schon bald wurde es heller und heller, bis wir vor einem Räuberhaus standen.

Erik war der größte in der Truppe und so näherte er sich vorsichtig dem Fenster und spähte hinein. „Was siehst du, Großer?“, fragte Jonte. „Was ich sehe? Einen gedeckten Tisch mit feinem Essen und Trinken. Räuber sitzen da und hauen sich die Bäuche voll.“ „Das wäre doch was für uns“, krähte Jonte.

Wir vier stellten uns dicht in einem Kreis zusammen und überlegten, wie wir die Räuber aus dem Haus jagen könnten, um an das leckere Essen zu kommen. Erik stellte sich mit den Vorderhufen auf das Fensterbrett und Fiete sprang auf seinen Rücken. Danach kletterte ich auf Fiete und Jonte setzte sich auf

Unsere Geschichte

meinen Kopf. Wir zählten gemeinsam von drei runter: „DREI, ZWEI, EINS!" Und dann begannen wir zu singen. Erik schrie, Fiete bellte, ich miaute und Jonte krähte aus vollem Halse. Ehe sich die Räuber versahen, sprangen wir vier durch das Fenster und die Scherben klirrten nur so. In Angst und Schrecken flohen die Räuber aus dem Haus und liefen in den dunklen Wald. Wir jauchzten vor Glück und konnten uns nach dem langen Weg endlich die Bäuche vollschlagen.

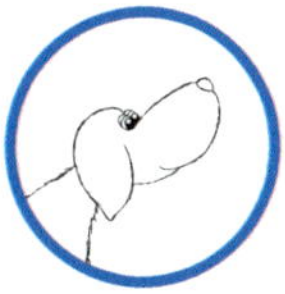

Nach dem Festschmaus waren wir so müde, dass sich jeder einen gemütlichen Schlafplatz suchte. Ein lautes „Gute Nacht miteinander" schallte durch das Haus, die Kerzen wurden ausgepustet und unsere Augen fielen zu.

In sicherer Entfernung beobachteten die Räuber wohl das Haus und warteten geduldig, bis es im Inneren dunkel wurde. Dann wollten sie noch einmal schauen, wer oder was sie von dort vertrieben hatte. So zog einer der Räuber los zum Haus, in dem es sich unsere Gruppe gemütlich gemacht hatte. Der Räuber kletterte durch das kaputte Fenster und fand alles still und ruhig vor. Er machte sich auf den Weg in die Küche, um Licht zu machen. Karla, die es sich vor dem warmen Ofen gemütlich gemacht hatte, schreckte vor der dunklen Gestalt hoch und fiel den Räuber mit ihren scharfen Krallen an. Dieser fuhr erschrocken herum und wollte zur Hintertür hinausstürmen. Doch dort lag Erik und trat dem Räuber mit seinen Hinterläufen in den Po. Der Räuber stürzte so schnell er konnte aus dem Haus und fiel über Fiete, der vor der Tür lag und schlief. Erschrocken biss Fiete ihn ins Bein. Und ich schrie von hoch oben laut „Kikeriki" und trieb den Räuber in die Flucht.

Noch in der Ferne sah ich ihn humpelnd zu seiner Truppe rennen und hörte, wie er schrie, im Haus lebe eine Hexe, die ihm mit ihren Fingern das Gesicht zerkratzt habe. Einem Monster mit Knüppel sei er begegnet und einem Mann, der ihm vor der Tür ein Messer ins Bein gestochen hatte, während der Richter vom Dach schrie: „Bringt mir den Bösen!"

Seitdem haben sich die Räuber nie wieder in unser Haus getraut und uns gefiel es hier so gut, dass wir einfach geblieben sind. Unseren Traum von einer Reise nach Bremen haben wir dennoch nie aufgegeben und so sind wir losgezogen, um unsere Lieblingsstadt zu entdecken. Was es dort zu sehen und zu erleben gibt, erfahrt Ihr auf den nächsten Seiten! Wir freuen uns, die vielen Abenteuer mit Euch zu teilen!

Viel Spaß!

Mein Reisetagebuch

Reisezeit: ______________________________

Name: ______________________ Alter: ____

Ich bin unterwegs mit:

____

____

____

____

____

Mein schönstes Reisefoto:

So weit bin ich von zu Hause weg:

So sind wir hergekommen:

Das habe ich alles gesehen:

Hier haben wir übernachtet:

So war das Wetter:

Mein liebstes Urlaubslied/Hörspiel:

Das schaue ich mir beim nächsten Besuch an:

Mein Kuscheltier/ Spielzeug, das mich begleitet hat:

Mein Lieblingseis

Mein schönstes Erlebnis:

INHALTSVERZEICHNIS

Hier findet Ihr das Inhaltsverzeichnis! Dieses hilft Euch dabei, Euch schnell im Buch zurechtzufinden und einen Überblick über den Inhalt zu bekommen. Alle Kapitel- und Seitenüberschriften seht Ihr hier auf einen Blick.

Wenn Ihr also etwas Bestimmtes sucht, lohnt es sich, als Erstes in das Inhaltsverzeichnis zu gucken, denn dann wisst Ihr, auf welche Seite Ihr blättern müsst. Die kleinen Symbole zeigen Euch, was Euch auf den jeweiligen Seiten erwartet.

Geschichten, Sehenswürdigkeiten und Regionen

Rundwege zu Fuß oder mit dem Fahrrad

Unterwegs mit Erik
Für alle Naturfreunde: Abenteuer an der frischen Luft

Unterwegs mit Fiete
Für alle Actionbegeisterten: Austoben, Sport, Indoor-Aktivitäten, kreativ werden und leckeres Essen

Unterwegs mit Karla
Für alle Forscher und Entdecker: Eine Wissensreise durch die Stadt

Unterwegs mit Jonte
Für alle Reiselustigen: Ausflugsziele rund um Bremen

Bildergalerie

Spiel und Spaß

Unterwegs auf dem Wasser

Spielplätze

Traditionen und Termine

Theater

Essen und Trinken

Übernachtungen

Aktionen und Rabatte

BREMEN UND SEINE GESCHICHTE(N)

Bremen und die Ursprünge

778 – Laut der Gründungslegende Bremens war eine Gruppe heimatloser Menschen, die die Weser hinuntertrieben, die ersten Siedler der Stadt. Während eines abendlichen Sturms suchten sie nach göttlicher Hilfe für eine Zuflucht. Als die Fischer eine Henne mit ihren Küken erblickten, welche Schutz im Heidekraut der Düne suchten, deuteten sie dies als göttliches Zeichen für Sicherheit und ließen sich dort nieder.

782 – Der Name Bremen wird das erste Mal erwähnt.

789 – Willehad, von Karl dem Großen zum Bischof ernannt, weiht den ersten Dom zu Bremen ein.

1366 – Der Bremer Schlüssel taucht erstmals im Siegel der Stadt auf.

1871 – Bremen erhält den Namen „Freie Hansestadt Bremen“ mit Stimme im Bundesrat.

1891 – Das derzeitige Aussehen der Bremer „Speckflagge“ wird festgelegt.

1949 – Gründung der Bundesrepublik Deutschland, Bremen wird ein eigenständiges Bundesland.

Bremen und die Hanse

1260 – Bremen wird erstmalig Mitglied der Hanse.

1285 – Bremen wird aus der Hanse ausgeschlossen, weil Bremer Kaufleute sich nicht an Vereinbarungen hielten.

1385 – Bremen wird das zweite Mal Mitglied der Hanse.

1427 – Bremen wird wegen politischer Unruhen aus der Hanse ausgeschlossen.

1438 – Bremen wird wieder in die Hanse aufgenommen.

1563 – Bremen wird wegen Religionsstreitigkeiten erneut aus der Hanse ausgeschlossen.

1576 – Bremen wird wieder Mitglied der Hanse und bleibt es auch bis 1669.

Bremen in Krieg und Aufruhr

1408 – In der Schlacht bei Golzwarden siegt Bremen über Oldenburg.
1539 – Bremen führt einen Kaperkrieg an der friesischen Küste.
1666 – Nach fast 20 Jahren Kampf endlich Frieden zwischen Schweden und Bremen.
1810 – In der Franzosenzeit besetzten Napoleons Truppen Bremen.
1918 – Revolution in Bremen.
1939 – Der Zweite Weltkrieg beginnt, in dem das Hafengebiet zu 90 % zerstört wird.
1945 – Nach dem Zweiten Weltkrieg wird Bremen amerikanische Besatzungszone.
1945 – Wilhelm Kaisen sorgt für den Wiederaufbau Bremens nach dem Zweiten Weltkrieg.

Bremen und das Stadtbild

1404 – Der verbrannte hölzerne Roland wird durch ein steinernes Standbild ersetzt.
1612 – Lüder von Bentheim beendete einen Umbau des Rathauses, nun zeigt sich die Weserrenaissance-Fassade am Marktplatz, die heute noch bestaunt wird.
1802 – Durch Abtragung der Festungswälle und Bastionen entstehen die Wallanlagen.
1859 – Ludwig Knoop kauft das Landgut Mühlenthal. Auf dem Gelände lässt er das Schloss Mühlenthal errichten sowie eine große Parklandschaft gestalten. Heute befindet sich dort der beliebte Knoops Park.
1926 – Die von Ludwig Roselius gestaltete Böttcherstraße wird eröffnet.
1964 – Eröffnung der Stadthalle.
1970er – Der Stadtwaldsee, auch Unisee genannt, entsteht durch den Bau der Autobahn.
1990 – Das Projekt Schaufenster Fischereihafen startet.

Bremen und die Häfen

1247 – Erste Erwähnung einer Uferbefestigung, dem späteren Hafen Schlachte.
1619 – In Vegesack entsteht der erste künstlich angelegte Hafen Deutschlands.
1827 – Unter Bürgermeister Johann Smidt kauft Bremen ein Gebiet für einen Seehafen, woraus sich Bremerhaven entwickelt.
1887 – Beginn der Unterweservertiefung, Bremen kann doch wieder Seestadt werden.
1888 – Der „Freihafen" (heute Europahafen) wird in Betrieb genommen.
1895 – Vollendung der von Ludwig Franzius durchgeführten Begradigung der Unterweser, wodurch Seeschiffe wieder Bremen erreichen.
1901 – Der Überseehafen wird angelegt.
1971 – In Bremerhaven wird das Container-Terminal „Wilhelm Kaisen" eingeweiht.
1998 – Verfüllung des Überseehafens, wo später Überseestadt und Waller Sand entstehen.

Bremen und die Wirtschaft

1783 – Der direkte Transatlantikhandel mit den USA beginnt.
1857 – Der Norddeutsche Lloyd wird vom Kaufmann Hermann Henrich Meier gegründet.
1872 – Die Bremer Baumwollbörse wird gegründet.
1872 – Die AG Weser wird gegründet, welche der größte Schiffbaubetrieb in Bremen wird, bis 111 Jahre nach Gründung die Schließung erfolgt.
1895 – Johann Jacobs eröffnet in Bremen einen Kolonialwarenladen, aus dem sich das Weltunternehmen Jacobs Kaffee entwickelt.
1961 – Insolvenz des von Carl Friedrich Wilhelm Borgward geschaffenen Bremer Automobilkonzerns mit den Marken Borgward, Hansa, Goliath und Lloyd.

Bremen und die Forschung und Erfindungen

1936 – Der vom Flugzeugkonstrukteur Henrich Focke entwickelte erste wirklich leistungsfähige Hubschrauber hebt in Bremen ab.
1971 – Eröffnung der Universität Bremen.
1980 – Im Zuge des deutschen Beitritts zum Antarktisvertrag wird das Alfred-Wegener-Institut gegründet.
1985 – Das Zentrum für angewandte Raumfahrttechnologie und Mikrogravitation entsteht.
1990 – Fertigstellung des Fallturms.

Bremen und das Alltagsleben

1339 – Der „Herbstmarkt“ wird als „Freimarkt“ bezeichnet.
1186 – Stadtluft macht frei, gesichert durch eine Urkunde von Kaiser Barbarossa.
1350 – Die Pest wütet in ganz Europa. Bremen verliert etwa ein Drittel der Bevölkerung.
1545 – Die Tradition der Schaffermahlzeit beginnt.
1673 – Das erste Kaffeehaus Deutschlands entsteht am Bremer Marktplatz.
1743 – In Bremen gibt es nun die erste regelmäßig erscheinende Zeitung.
1918 – Das Frauenwahlrecht wird in Bremen durch einen Verein realisiert, bei dem Marie Christiane Mindermann als Gründungsmitglied aktiv war.
1924 – Der erste Bremer Rundfunksender nimmt seinen Betrieb auf.
1929 – Julius Bamberger eröffnet das erste moderne, große Kaufhaus, von den Bremern bald „Bambüddel“ genannt.
1992 – Die Deutsche Kammerphilharmonie findet ihren Platz in Bremen.

Bremen und die Persönlichkeiten

1032 – Nach einer Legende schenkt die mildtätige Gräfin Emma von Lesum den Bremern die Bürgerweide.
1788 – Die erste Ausgabe des bekannten Werkes von Adolph Freiherr Knigge „Über den Umgang mit Menschen“, heute schlicht als „Knigge“ bekannt, erscheint.
1831 – An der Giftmörderin Gesche Gottfried wird die letzte öffentliche Hinrichtung in Bremen vollzogen.
1866 – Die schwer arbeitende Mudder Cordes, ein bekanntes Bremer Stadtoriginal, bekommt den Esel Anton geschenkt, weil der Hund Sultan, der davor ihren Kramwagen gezogen hatte, gestorben war.
1900 – Ottilie Hoffmann gründet in Bremen den Deutschen Bund abstinenter Frauen und richtet alkoholfreie Speisehäuser ein, die ihren Namen tragen.
1907 – Der Verein FC Stern Bremen wird gegründet, unterstützt von der resoluten und geschäftstüchtigen Fischhändlerin Johanna Lucie Henriette Flechtmann, auch als Fisch-Luzie bekannt. Es war wohl der erste deutsche Fußballverein, der von einer Frau gesponsert wurde.
1913 – In der Kunsthalle werden Werke von Paula Modersohn-Becker ausgestellt.
1967 – Annemarie Mevissen wird zur Bürgermeisterin und damit zur Stellvertreterin des Bürgermeisters und Präsidenten des Senats Hans Koschnick gewählt. Als erste Frau hatte sie damit das Amt eines stellvertretenden Regierungschefs inne.

RUND UM DEN MARKTPLATZ

Bremer Stadtmusikanten

Erkennt Ihr uns wieder? Unsere Statue steht direkt neben dem Rathaus! Es soll Glück bringen, die Beine des Esels zu berühren. Aber aufgepasst - beide Beine gleichzeitig! Wer's anders macht, ist selbst ein Esel und kennt sich in Bremen wohl doch nicht so gut aus!

St. Petri Dom Bremen

Er ist eines der Wahrzeichen Bremens und die älteste Kirche der Stadt. Einst wurde der Dom auf der Bremer Düne errichtet. Seitdem hat sich sein Aussehen in den über 1200 Jahren oft verändert. Mit der Weihung durch Bischof Willehad im Jahr 789 wurde der Dom Bischofssitz. Über lange Zeit entschieden die Bischöfe als Landesherren über das Leben in Bremen.

In einem Nebengebäude des Doms ist der sogenannte Bleikeller. In ihm befinden sich offene Särge mit mumifizierten Menschen und Tieren. Wenn Ihr statt in tiefe Keller, lieber in schwindelnde Höhe steigt, könnt Ihr den Domturm über eine Treppe besteigen. Belohnt werdet Ihr dann mit einem tollen Ausblick.

Selbstverständlich solltet Ihr Euch den Dom auch einmal von innen genauer ansehen. Findet Ihr die Dom-Maus?

Das Rathaus

Zwischen 1405 und 1407 erbauten die selbstbewussten Bremer Kaufleute das Rathaus direkt neben dem Sitz des Erzbischofs. Die Bremer ertrotzten sich Rechte vom Kaiser und fühlten sich damit stark genug, dem Erzbischof die Stirn zu bieten. Als Zeichen dafür erbauten sie für die Bürger das Rathaus, das im Laufe der Jahrhunderte immer prächtiger gestaltet wurde. An der Fassade gibt es viel zu entdecken. Findet Ihr die Glucke mit den Küken?

Heute ist das Rathaus der Sitz des Bürgermeisters und gehört zusammen mit dem Roland zum UNESCO Weltkulturerbe.

Der Roland

Er gilt als heimlicher Held Bremens, um den sich viele Legenden ranken. Seit 1404 befindet sich die Rolandstatue vor dem Bremer Rathaus und steht für die Rechte und Freiheiten der Bremer. Solange der Roland steht und über die Stadt wacht, so wird erzählt, bleibe die Stadt frei und selbstständig. Deswegen munkelt man, dass es sogar eine zweite Rolandstatue im Keller des Rathauses gibt, die schnell als Ersatz dienen kann.

Wusstet Ihr, dass der Roland im Zweiten Weltkrieg zum Schutz vor Luftangriffen hinter Mauern versteckt wurde?

Sicher sind Euch die spitzen Knie aufgefallen. Der Abstand der beiden Kniespitzen (55,372 Zentimeter) wird gerne als Maßeinheit Bremer Elle bezeichnet. Einen Nachweis dafür gibt es allerdings nicht.

Rund um den Marktplatz

Der Schütting

Der Schütting wurde als Sitz der Bremer Kaufmannschaft erbaut, weil Bremen auch zu damaliger Zeit bereits eine bedeutende Handelsstadt war. Nicht immer waren die Kaufleute mit den Beschlüssen der Ratsherren einverstanden. Fällt Euch auf, dass auch hier das Gebäude dem Rathaus gegenübersteht? Ob das etwas zu bedeuten hatte?

Wie wichtig der Handel war, zeigt der Leitspruch der Bremer Kaufleute über dem Eingang: Buten un Binnen, Wagen un Winnen (= draußen und drinnen, wagen und gewinnen). Bremen war Mitglied im Bund der Hanse, deren Kaufleute waren mit kleinen Koggen (altes Handelsschiff) auf den Meeren unterwegs. Findet Ihr eine Kogge an der Fassade?

Hanseatenkreuz

Und wo wir gerade bei der Hanse sind: Vielleicht ist Euch das riesige Kreuz in der Mitte des Marktplatzes unter Euren Füßen aufgefallen. Hierbei handelt es sich um das Hanseatenkreuz, ein Zeichen für die Mitgliedschaft Bremens in der Hanse. Seit 1863 ist es hier zu finden.

Bremer Loch

Ein Gullideckel mit einem Geheimnis.

Spuckstein

Ihhh, das sieht ja ganz schön eklig aus! Warum wird hier hingespuckt? Der Granitstein markiert den Ort der letzten Hinrichtung in Bremen. Hier starb Gesche Gottfried, eine Mörderin, die viele Menschen vergiftet hat und dafür mit dem Tode bestraft wurde. Um ihre Verachtung zu zeigen, spucken die Menschen auf diesen Stein, sodass er als Spuckstein in Bremen bekannt wurde.

Sögestraße

„Wir treffen uns bei den Schweinen!" Na, wisst Ihr, was gemeint ist? Diesen Satz verwenden die Bremer oft, wenn sie sich in der Innenstadt verabreden. Früher wurden Schweine durch die Sögestraße (Söge = plattdeutsch für Säue) getrieben. An die damalige Zeit erinnert eine Bronzeskulptur. Heute ist hier, nahe des Marktplatzes, eine bekannte Einkaufsstraße, mit den markanten Schweinen als beliebten Treffpunkt.

Bismarck-Denkmal

Neben dem Dom entdeckt Ihr ein Reiterdenkmal des ersten Reichskanzlers Otto von Bismarck, genannt der "Eiserne Kanzler". Ihm zu Ehren stellten die Deutschen viele Statuen im gesamten Land auf. In Bremen findet man jedoch die einzige Statue, bei der Bismarck auf einem Pferd sitzt. Nun fragt Ihr Euch sicher, wieso. Reiterstandbilder waren zu damaliger Zeit Heerführern und Herrschern vorbehalten. Nach der Reichsgründung entstand ein wahrer Bismarck-Kult, sodass die Bremer ihm mit dieser Statue ein Zeichen setzten, um ihn wie einen Herrscher zu ehren.

Neptun-Brunnen

Der Brunnen auf dem Domshof ist einer der wenigen modernen Neptun-Brunnen und deswegen eine Besonderheit.

BÖTTCHERSTRAßE

Die Böttcherstraße, welche hinter dem Schütting entlangführt, darf bei keinem Bremenbesuch fehlen. Hier treffen sich Kunst und Handwerk, Genuss und Freude. Einst war sie die Heimat der Böttcher (Handwerker, die Fässer herstellten), denen sie ihren Namen verdankt. Der Kaffee-Kaufmann Ludwig Roselius hat sie zwischen 1922 und 1931 nach seinen Vorstellungen geformt.

Lichtbringer

Fällt Euch das vergoldete Bronzerelief am Eingang zur Böttcherstraße auf? Das ist der Lichtbringer von Bernhard Hoetger.

Glockenspiel

Wenn Ihr Euren Ohren durch die Böttcherstraße folgt, werdet Ihr das bekannte Glockenspiel hören. Habt Ihr es gefunden? Ein Tipp: Ihr müsst dafür auf die Giebel der Häuser achten. In der Musik der Glocken wollte Roselius seinen Traum von Abenteuer und Ferne verwirklichen. Hören könnt Ihr es immer von Januar bis März um 12:00, 15:00 und 18:00 Uhr sowie von April bis Dezember zwischen 12:00 und 18:00 Uhr zu jeder vollen Stunde, außer bei Frost.

Während Ihr dem Glockenspiel lauscht, könnt Ihr auf Holztafeln bekannte Ozeanbezwinger sehen. Besonders interessant ist die Tafel von Pining und Pothorst. Beide Entdecker brachen noch vor Kolumbus nach Amerika auf und landeten mit ihrer Expedition in Grönland, Neufundland und Labrador.

Die Sieben Faulen

Kennt Ihr die Legende der sieben Brüder, die als faul bezeichnet wurden? Sie waren die Söhne eines Bauern, der einige Ländereien vor der Stadt Bremen besaß. Da die Felder nicht genug Ernte brachten, versuchten die sieben Brüder anderswo Geld zu verdienen. In Bremen aber waren sie als faul verschrien, sodass sie dort keine Arbeit fanden und für viele Jahre die Stadt verließen.

Als sie eines Tages zurückkehrten, brachten sie viel Wissen mit und gebrauchten dieses auf den Ländereien des Vaters. Sie zogen Gräben, um die Felder zu entwässern, und bauten einen Deich, um sich vor Hochwasser zu schützen. Auch einen Brunnen errichteten sie, um sich das Wasserschleppen zu ersparen. Die Nachbarn sahen dies und blieben bei ihrer Meinung, dass die sieben Brüder nur zu faul seien, um richtig zu arbeiten. Heute findet Ihr in der Böttcherstraße einen Brunnen und ein Haus, wo die Sieben Faulen dargestellt sind.

Eselknochen

Wusstet Ihr, dass die Bremer Stadtmusikanten wohl doch nach Bremen gekommen sind? Einst fand man bei Bauarbeiten am Paula-Becker-Modersohn-Haus Eselknochen. Ob das der Beweis ist? Zumindest weist ein Schild in der Böttcherstraße darauf hin.

Balge

Bestimmt sind Euch auf den Wegen die Bronzeschilder mit der Aufschrift „Balge" aufgefallen. Sie erinnern an den Nebenfluss der Weser, an dem früher einmal der erste Hafen Bremens lag. Im Laufe der Jahrhunderte wurde der Fluss immer schmaler, dann zu einem Kanal und schließlich zugeschüttet.

WALLANLAGEN

Was Ihr heute als schöne Parkanlage entdecken könnt, diente ursprünglich als Befestigungsanlage, um Bremen vor Angriffen zu schützen. Ein zackenförmiger Graben, der zur Verteidigung diente, schloss die Altstadt und die Neustadt ein. Durch den Aushub des Grabens bildete sich dahinter ein Wall, welcher den heutigen Anlagen seinen Namen gab. Aufgrund der Stadtmauer und der Befestigung konnte man nur durch Tore nach Bremen kommen. Diese sind heute noch in Straßennamen erkennbar.

Mühle am Wall

Die Herdentorswallmühle, wie sie richtig heißt, ist eine Windmühle vom Typ Galerieholländer, die noch voll funktionstüchtig ist. Jeden Pfingstmontag findet in Deutschland der jährliche Mühlentag statt, an dem auch die Mühle am Wall in Aktion gesehen werden kann. Es wird erklärt, wie die Müller früher gearbeitet haben und wie wichtig dieser Beruf war. Wusstet Ihr, dass Ihr auch heute noch das Müllerhandwerk erlernen könnt?

Bunkeranlagen

Nahe bei einem der ältesten Bäume Bremens am Herdentor findet Ihr die Überbleibsel aus einer düsteren Vergangenheit. Wer genau hinschaut, sieht unter dem Efeu zwei Bunkereingänge.

Theaterberg

Könnt Ihr Euch vorstellen, dass an diesem Ort, wo Ihr nun die vielen Bänke mitten in den Wallanlagen seht, einst ein prächtiges Theater stand? Im Zweiten Weltkrieg wurde dieses durch Luftangriffe so zerstört, dass nach Kriegsende die Reste der Ruine ganz abgetragen wurden und heute nichts mehr davon zu sehen ist. Als Erinnerung findet Ihr heute hier den Theatergarten, der zum Verweilen einlädt.

Wall-Forum

Im ehemaligen Polizeihaus sind jetzt neben der Stadtbibliothek verschiedene Restaurants/Cafés untergebracht. Trotzdem könnt Ihr vor den Steinwänden noch Polizeiautos sehen, da es hier immer noch ein Polizeirevier gibt.

Dokumentationsstätte Gefangenenhaus Ostertorwache

Im heutigen Wilhelm-Wagenfeld-Haus könnt Ihr in einem dahintergelegenen Zellentrakt die Geschichte des Gefangenenhauses kennenlernen. Das Gefängnis diente zur kurzfristigen Verwahrung von Männern und Frauen, auch die bekannte Giftmörderin Gesche Gottfried war hier inhaftiert. Jeden ersten Samstag im Monat könnt Ihr Euch die Gefängniszellen anschauen, die Euch über Themen des Gefangenseins informieren.

Paula Modersohn-Becker Steg

Versteckt hinter der Kunsthalle führt ein schöner Steg vom Theater am Goetheplatz zu den Wallanlagen.

Schlachte & Teerhof

Die Schlachte in Bremen erstreckt sich von der Ersten Schlachtpforte an der Martinikirche bis zur Jugendherberge an der Kalkstraße. Der Name entstammt dem niederdeutschen Wort „Schlagde", welches eine Uferbefestigung bezeichnet. Dafür wurden Pfähle in den Boden geschlagen und die Zwischenräume mit Reisigbündeln gefüllt.

Aus der ehemaligen Anlegestelle für Frachter mit ihren Lagerhäusern wurde eine historische Uferpromenade. Bei einem leckeren Essen oder Getränk an Land oder auf dem Wasser könnt Ihr auch heute noch die vorbeifahrenden und anlegenden Schiffe sehen.

Auch den Martinianleger findet Ihr hier, von dem Hafenrundfahrten starten.

St. Martini

Oberhalb des Bootsanlegers seht Ihr die mittelalterliche Martini-Kirche. Einst wurde sie außerhalb der Stadtmauern für Schiffer und Kaufleute errichtet, damit diese auch nach Schließung der Stadttore Zutritt zu einer Kirche hatten. Wusstet Ihr, dass das bekannte Neandertal und folglich auch der Neandertaler nach dem Bremer Pastor Joachim Neander benannt wurden? Er predigte in der Martini-Kirche und komponierte einige weit verbreitete Kirchenlieder.

Entdeckt Ihr uns auf der Windrose?

Teerhof

Wenn Ihr nun über die Fußgängerbrücke über die Weser geht, gelangt Ihr auf den Teerhof. Um die Stadt vor Feuer zu schützen, wurde das Teeren der Schiffe auf die kleine Weserinsel verlegt. Das verlieh der Insel ihren heutigen Namen. Von hier aus habt Ihr einen tollen Blick auf die alten Segelschiffe an der Schlachte.

Weserburg

Auf dem Teerhof findet Ihr auch die Weserburg, ein ehemaliges Speichergebäude. Heute ist es ein Museum für moderne Kunst. Für Euch Kinder gibt es hier das kek Kindermuseum. Jedes Jahr gibt es dort eine neue Ausstellung zum Ausprobieren und Mitgestalten. Weitere Informationen dazu findet Ihr auf der Internetseite **www.weserburg.de**

RUNDWEGE ZU FUß

1 Roland, Rathaus, Stadtmusikanten, Liebfrauenkirche
2 Skulptur Schweine
3 Bunkeranlagen, sehr alte Baum-Hasel
4 Theatergarten
5 Wilhelm-Wagenfeld-Haus mit Gefangenenhaus
Ostertorwache, Wall-Forum
6 Paula-Modersohn-Becker-Steg
7 Kunsttunnel, Altmannshöhe
8 Panoramatreppe, Tiefer, Deichwiese
9 Windrose, Martinikirche mit Neanderhaus, Pannekoekschip
10 Schlachte
11 Amerikaentdecker vor Kolumbus, 7-Faulen-Brunnen, Eselknochen
12 Bleikeller, Bibelgarten, Dom-Maus
13 Spuckstein
14 Roland, Rathaus, Stadtmusikanten, Liebfrauenkirche

- Start/Ziel
- Sehenswert
- Shopping
- Spielplatz
- Brücke
- Restaurant
- Stärkung für zwischendurch

INNENSTADT - 4,4 KM

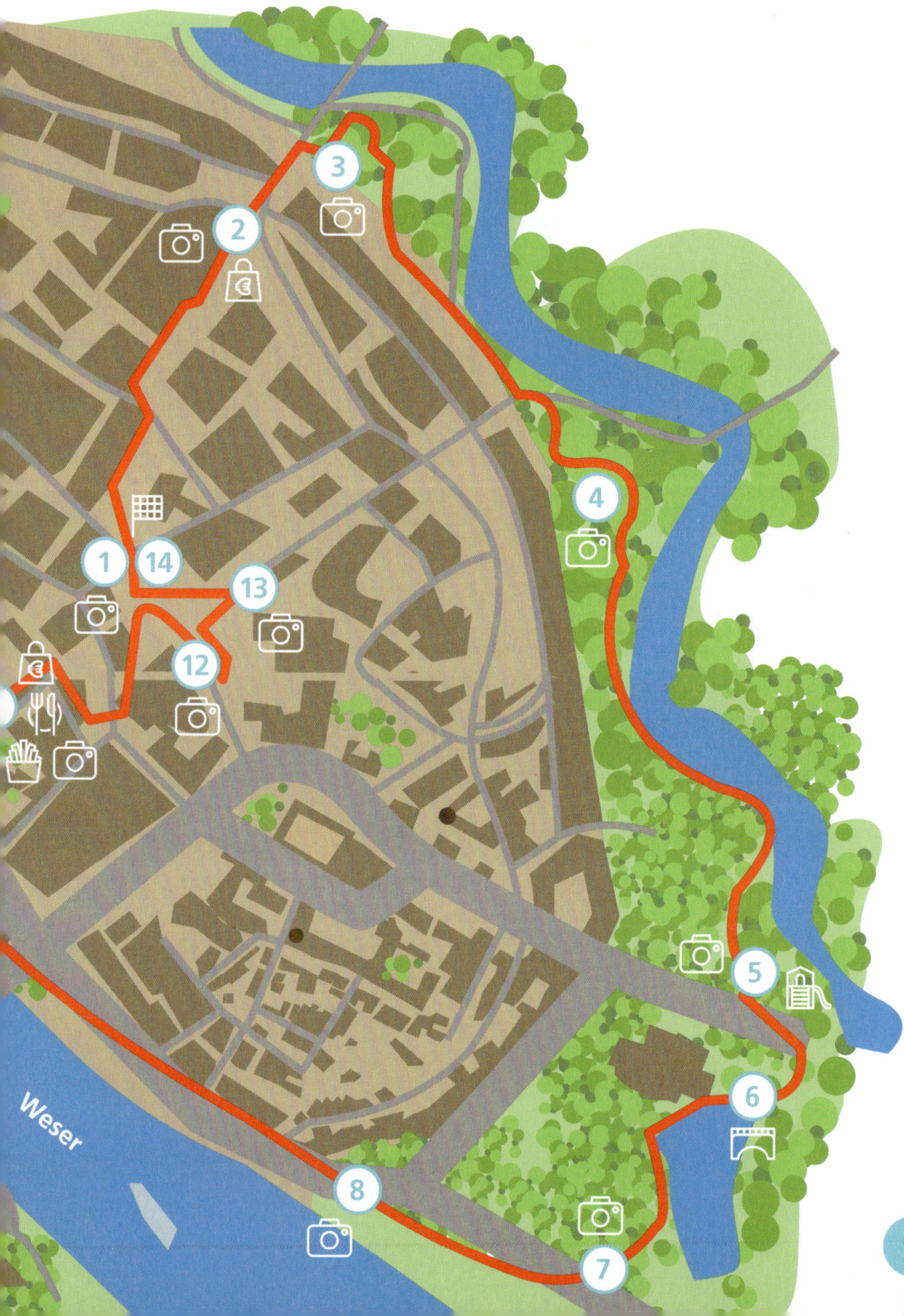

SCHNOOR

In den kleinen Gassen des Schnoor-Viertels lässt es sich gut bummeln, da es hier keinen Autoverkehr gibt. Entdeckt in den engen Straßen Geschäfte, Restaurants und Sehenswürdigkeiten. Schnuppert einen Hauch der mittelalterlichen Geschichte dieser kleinen bunten Häuser, die sich wie Perlen einer Schnur aneinanderreihen. Wusstet Ihr, dass das Wort „Schnoor“ aus dem Niederdeutschen stammt und „Schnur“ bedeutet? Auch in diesem Viertel werdet Ihr auf Spuren der Balge stoßen. Schaut mal in die kleine Gasse „Hinter der Balge“ rein. Hier könnt Ihr dem alten Flussverlauf folgen.

Heini Holtenbeen

war ein Bremer Original, stadtbekannt durch seine besondere Art, mit flotten Sprüchen sein Geld zu verdienen. Er stürzte während seiner Lehre durch eine Dachluke, wobei er einen Hirnschaden und ein steifes Bein davontrug. Seitdem nannte man ihn Heini Holtenbeen (= Heini Holzbein). Er war häufig auf dem Marktplatz anzutreffen, wo er mit den feinen Damen seine Scherze trieb und vor der Börse den Kaufleuten die Zigarren abnahm. Denn das Rauchen im Inneren des Gebäudes war schon damals nicht gestattet.

Da er eine Zeit lang im Schnoor gelebt hatte, der zu jener Zeit von den ärmeren Bremern bewohnt wurde, setzte man ihm dort ein Denkmal. Dieses findet Ihr heute auf einem Platz in der Nähe des Geschichtenhauses.

Ottjen Alldag

ist eine Romanfigur des Bremer Schriftstellers Georg Droste. In seinen Geschichten erzählt er über das Alltagsleben eines Bremer Butschers (= Jungen) in den 1910er Jahren. Ihm zu Ehren wurde ein Brunnen im Schnoor aufgestellt.

Kleine Läden

Überall findet Ihr in den kleinen Gassen Geschäfte, in denen es was zu stöbern und zu entdecken gibt. Wusstet Ihr, dass hier sogar ein Weihnachtsladen das ganze Jahr über geöffnet hat?

1
2
3
4
5
7
8
9
10
11
12
13
Weser

Schnoor - 1,3 km

1 Öffentliche Verkehrsmittel „Domsheide“
2 St. Johann, Davidsstern am Giebel
3 Platz mit Gebäuden aus verschiedenen Jahrhunderten
4 Birgittenkloster
5 Rosenakhaus/Kolpinghaus mit Synagogenkeller
6 „Comturei“ beim Gerichtsgebäude
7 Die Balge war früher ein Teil der Weser, heute ist sie zugebaut
8 Ottjen-Alldag-Brunnen im Gedenken an Georg Droste
9 Katzen-Café, Bremer Geschichtenhaus
10 Statue Heini Holtenbeen
11 Kleine Läden
12 Schnoortreppe, Bremen Shop
13 Öffentliche Verkehrsmittel „Domsheide“

- Start/Ziel
- Haltestelle
- Sehenswert
- Restaurant
- Shopping
- Stärkung für zwischendurch

ÜBERSEESTADT & HÄFEN

Rin na Bremen un rut ut Bremen (= Rein nach Bremen und raus aus Bremen).

Die Bremer Häfen wurden in den vergangenen Jahrhunderten je nach Zustand der Weser immer wieder umverlagert. Mal fand der Schiffsverkehr in Bremen an der Balge oder an der Schlachte statt, mal außerhalb Bremens, in Bremerhaven oder Brake. Dann kam er zurück nach Bremen durch den Bau des Europa-, Übersee- und des Industriehafens. Später ging ein Teil wieder weg von Bremen, und das Becken des Überseehafens wurde zugeschüttet. **So entstand hier die Überseestadt.**

Koloss

So nennen die Bremer die große Getreideverkehrsanlage.

Leuchtturm Molenfeuer

Ist ein kleiner Leuchtturm, der ursprünglich die Einfahrt in den Überseehafen aufzeigte.

Weser-Tower

Ist ein Hochhaus am Rande der Bremer Überseestadt und spiegelt die Moderne dieses Stadtteils wider.

SAR Schiff

Seenotrettungskreuzer. SAR steht für Save and Rescue (= sichern und retten).

Rolandmühle

Damals wie heute wird in der Mühle Getreide verarbeitet.

Blauer Kran

Ist ein Überbleibsel der früheren Hafenaktivitäten.

Speicher XI

War ursprünglich ein Lager am Hafenbecken. Heute dienen die Räumlichkeiten dem Hafenmuseum und kreativen Unternehmungen.

Alte Feuerwache

Das Gebäude wurde für die Feuerwehr und das Zollamt errichtet. Heute könnt Ihr hier lecker essen gehen.

Bremen-Nord

Bremen-Nord bezeichnet einen Stadtbezirk von Bremen mit den Stadtteilen Blumenthal, Vegesack und Burglesum.

Erst im Jahr 1939 entstand der Begriff „Bremen-Nord" durch die Eingliederung von Gemeinden im Norden der Hansestadt. So konnten die Bremer mehr Einfluss auf die dortigen Häfen nehmen. Auch heute noch findet Ihr hier viele Spuren aus der Vergangenheit, von Burgen und Rittern und Schiffen und Seefahrern.

Vegesacker Museumshafen

Wusstet Ihr, dass der Vegesacker Hafen der älteste künstlich angelegte Hafen Deutschlands ist? Bereits im Jahr 1622 wurde er in Betrieb genommen. Seine Bedeutung verlor der Hafen jedoch im 18. Jahrhundert, als die Weser versandete und der Walfang im 19. Jahrhundert für die Vegesacker endete. Heute entdeckt Ihr im Hafenbecken über 20 Schiffe, die teilweise besichtigt werden können. Von dort aus sind es nur wenige Schritte zum Schulschiff Deutschland an der Einfahrt zur Lesum. Wenn Ihr mehr über das Schulschiff Deutschland erfahren möchtet, schaut auf die Seite von Karla. Sie hat sich das Schiff einmal genauer angesehen.

Utkiek

ist das niederdeutsche Wort für „Ausguck". Auch heute noch bietet der Ort einen tollen Blick auf die Weser und die Werftgebäude. Als die Walfänger damals zu ihren Fahrten in die Arktis aufbrachen, wurden sie hier verabschiedet und bei ihrer Rückkehr erwartet. Als Zeichen für den Walfang, der in Vegesack große Bedeutung hatte, wurden die Kieferknochen eines Blauwals an diesem Punkt aufgestellt. Heute findet Ihr hier ein Bronzedenkmal, da die echten Knochen der Witterung nicht standhielten.

Werderland

Über das Lesum-Sperrwerk gibt es einen schönen Rad- und Wanderweg in das Werderland mit seinem Naturschutzgebiet „Dunger See" und der Moorlosen Kirche.

Heimatmuseum Schloss Schönebeck

Das heutige Heimatmuseum Schloss Schönebeck ist ein Wasserschloss im Ortsteil Bremen-Vegesack. Das Museum zeigt die Weltoffenheit der Vegesacker anhand von Sammlungen über weltweite Seefahrten, Walfang und Heringsfischerei. Zum Rumbutschern und Spazierengehen lädt die umliegende Schönebecker Aue ein.

Burg Blomendal

In Blumenthal gibt es ebenfalls ein Wasserschloss, das dem Ortsteil seinen Namen gegeben hat.

Ludwig Knoop

Im russischen Reich gründete der Bremer Kaufmann Ludwig Knoop im 19. Jahrhundert zahlreiche Fabriken und schaffte Beschäftigung. Als Dank verlieh ihm der Zar den Titel Baron, unter dem er noch heute bekannt ist. Durch seine Geschäfte wurde er so reich, dass er einen wunderschönen großen Park mit einem Schloss anlegen konnte. Für seine weltweiten Geschäfte hatte das Schloss sogar eine Telegraphenstation, was für die damalige Zeit sehr fortschrittlich war. Heute ist das Schloss nur noch als Grundriss erkennbar.

Knoops Park

Der Park wurde an einem Hang direkt an der Lesum angelegt und war Treffpunkt für zahlreiche vornehme Gäste. Viele der Bäume, die Ihr heute im Park sehen könnt, wurden aus Russland mitgebracht. Der Park bot damals wie heute viele schöne Aussichtspunkte auf die Lesum und das am anderen Ufer liegende Werderland. Die Gegend wurde auch bei vielen Bremer Kaufmannsfamilien so beliebt, dass sie sich ebenfalls Häuser auf den umliegenden Ländereien bauten.

Denkort Bunker Valentin

Der Bunker „Valentin" ist die Ruine einer alten U-Boot-Werft aus den letzten Jahren des Zweiten Weltkriegs und ein sehr ruhiger und düsterer Ort. Düster ist nicht nur das Innere dieses gigantischen Bauwerks, sondern auch die Geschichte, die sich hinter ihm verbirgt.

Eine U-Boot-Werft der deutschen Kriegsmarine sollte hier entstehen, eingefasst in einem bombensicheren Gebäude (Bunker), um vor Angriffen der Feinde geschützt zu sein. Die deutsche Wehrmacht erhoffte sich durch die Werft einen schnellen Bau von neuen U-Booten, mit denen sie den Krieg noch für sich entscheiden wollten. Denn das Jahr 1943, in dem die Bauarbeiten begannen, war ein Kriegsjahr, in dem das nationalsozialistische Deutschland schon viele Niederlagen erlebt hatte.

Der Bunker „Valentin" ist der flächenmäßig größte freistehende Bunker Deutschlands. Für den Bau der Anlage wurden nicht nur Unmengen an Material benötigt, sondern auch zahlreiche Arbeiter. So arbeiteten an dem Bunker tausende Menschen, die als Kriegsgefangene und Zwangsarbeiter in umliegenden Lagern untergebracht wurden. Unter menschenunwürdigen Voraussetzungen mussten sie täglich 10-12 Stunden arbeiten und litten oft an Krankheiten und Unterernährung, an denen viele später auch starben. Es wird vermutet, dass auf der Baustelle über 1.600 Menschen ums Leben kamen.

Seit 2015 ist er ein Ort des Gedenkens für die zahlreichen Opfer, die hier während des Krieges litten und starben. Im Bunker befindet sich ein Informationszentrum, das mehr über die Geschichte erzählt. Auf einem Rundweg mit Fotos und Berichten von Zeitzeugen könnt Ihr die Vergangenheit dieses Ortes kennenlernen. Für Euch Kinder, in der Altersgruppe zwischen acht und zwölf Jahren, gibt es einen Medien-Guide, den Ihr Euch auf Eurem Weg anhören könnt und der Euch hilft, den Ort besser zu verstehen.

Bitte verhaltet Euch aus Respekt diesem Ort gegenüber ruhig und bedenkt, dass die Geschichte, die hier erzählt wird, beängstigend sein kann. Erkundet das Gelände nur zusammen mit einem Erwachsenen und sprecht mit ihm, wenn Ihr Fragen habt oder Euch unsicher fühlt. Für Kinder ab 12 Jahren werden nach Anfrage auch Familienführungen angeboten, bei denen Junior-Guides Euch über den Denkort führen. Da es auch in den Sommermonaten im Bunker sehr kalt ist, sollte warme Kleidung stets mitgebracht werden.

Adresse: **Rekumer Siel · 28777 Bremen**
Telefon: **0421 / 69673670**
Internet: **www.denkort-bunker-valentin.de**
Geöffnet: **täglich 10:00 bis 16:00 Uhr**
außer Mo, Sa, Feiertage

Rundwege mit dem Rad

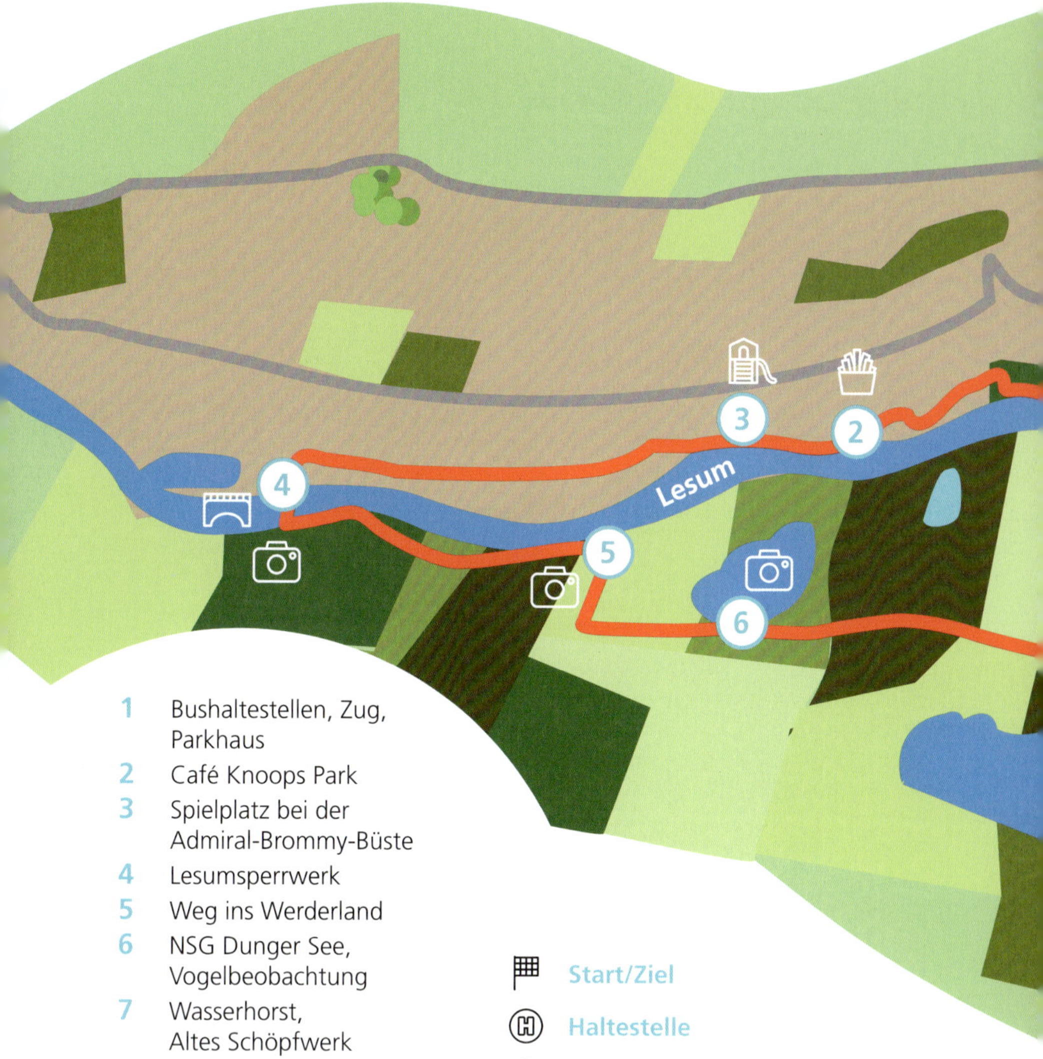

1 Bushaltestellen, Zug, Parkhaus
2 Café Knoops Park
3 Spielplatz bei der Admiral-Brommy-Büste
4 Lesumsperrwerk
5 Weg ins Werderland
6 NSG Dunger See, Vogelbeobachtung
7 Wasserhorst, Altes Schöpfwerk
8 Wümme-Brücke, Restaurant zur Nordseite
9 Ritterhuder Landhaus
10 Bushaltestellen, Zug, Parkhaus

- Start/Ziel
- Haltestelle
- Parkplatz
- Stärkung für zwischendurch
- Spielplatz
- Sehenswert
- Brücke
- Restaurant

Lesum - 22 km

Blockland

Das Bremer Blockland bietet zu jeder Jahreszeit etwas zum Erleben: ganzjährig Vogelbeobachtungen, im Winter Schlittschuhlaufen, im Sommer zum Picknicken am Deich oder Entspannen in Ausflugslokalen.

Schon im 12. Jahrhundert wurden hier im Blockland die ersten Siedlungen durch Holländer gegründet. Seinen Namen verdankt das Gebiet den Entwässerungsgräben, die das Land in Blöcke unterteilten. Es wurden Deiche angelegt, um die Siedlungen zu schützen. Nicht an allen Orten hielt der Deich den Sturmfluten stand, sodass es zu Deichbrüchen kam. Heute findet Ihr ein Schild, das den Ort und das Jahr des letzten Deichbruchs anzeigt. Wusstet Ihr, dass die Seen, die sich nach einem Deichbruch bilden, als Braken bezeichnet werden?

Am besten erkundet Ihr das Blockland mit dem Fahrrad, dem Boot oder auf Inlinern. Besonders an Wochenenden und in den Sommermonaten wird die Straße von vielen Erholungssuchenden und Landwirten, die ihrer Arbeit nachgehen, genutzt. Gegenseitige Rücksichtnahme ist wichtig, damit ein Ausflug ins Blockland zu einem schönen Erlebnis wird.

Manche Höfe entlang des Weges laden Euch zum Entdecken ein! Wie wäre es mit einem leckeren Eis oder einem Blick in den Kuhstall? Hof Kaemena freut sich auf Euren Besuch!

Im 19. Jahrhundert wurden viele Häuser mit Torf beheizt. Dieser wurde in den Mooren abgebaut und über die Gräben mit Torfschiffen nach Bremen gebracht. Wusstet Ihr, dass damals ungefähr 25.000 Schiffe jährlich diesen Weg nahmen? Das sind ganz schön viele! Damit die Schiffe nicht mehr über den Deich gezogen werden mussten, wurden Schleusen gebaut. Die bekanntesten Schleusen sind Dammsiel, Kuhsiel und Semkenfahrt. Wie viele Schleusen findet Ihr auf Eurem Weg?

Das Watt kennt Ihr doch bestimmt von der Nordsee, oder? Eine Besonderheit im Blockland sind die Süßwasserwatten. Der Ausbau der Unterweser führte zu Ebbe und Flut in der Wümme. Dadurch entstanden hier Süßwasserwatten.

In den Sommermonaten könnt Ihr als Fußgänger oder Fahrradfahrer zwischen Bremen und Niedersachsen über die Wümme pendeln. Zwei Fähren bringen Euch an das andere Ufer zu den Ausflugslokalen „Zur Schleuse" und „Wümmeblick-Höftdeich".

Ist Euch auf Eurer Tour der spitze, weiße Turm aufgefallen, der sich in der Ferne zeigt? Hierbei handelt es sich um den ZARM Fallturm. Er gehört zur Universität und dient Forschungen in der Wissenschaft. Mit seinen 146 Metern könnt Ihr ihn aus unterschiedlichen Stadtteilen Bremens sehen.

Rundwege mit dem Rad

1 Parkplatz am Unisee, Bushaltestelle Wetterungsweg Linie 28
2 Bremer Tierschutzverein e.V. Tierheim
3 Bei Dauerfrost Schlittschuhlaufen möglich
4 Überreste Hof Kapelle, Schauplatz der Blocklandmorde
5 Hof Bavendamm
6 Schleuse und Gaststätte Dammsiel
7 Fähre nach Höftdeich
8 Süßwasserwatt
9 Wümme Deichbruch von 1880
10 Deichbruch Schöne Brake von 1744
11 Bio Milchhof Kaemena, Milchautomat, Café mit Snuten lekker Bio-Eis
12 Fähre zur Gaststätte „Zur Schleuse“
13 Schleuse Semkenfahrt bei Gartelmann's Gasthof
14 Gartelmann's Gasthof
15 Gartelmanns Dielencafé
16 Pusta-Stube
17 Schleuse und Landhaus Kuhsiel
18 Vogelbeobachtungsplatz Kuhgrabensee, Lehmwand mit Eisvogelbruthöhlen
19 Gaststätte Zum Platzhirsch mit Tretroller- und Tretbootverleih
20 Haus am Walde
21 Brücke zwischen Unisee (Stadtwaldsee) und Spielplatz, Weg zur Uniwildnis
22 Parkplatz am Unisee, Bushaltestelle Wetterungsweg Linie 28

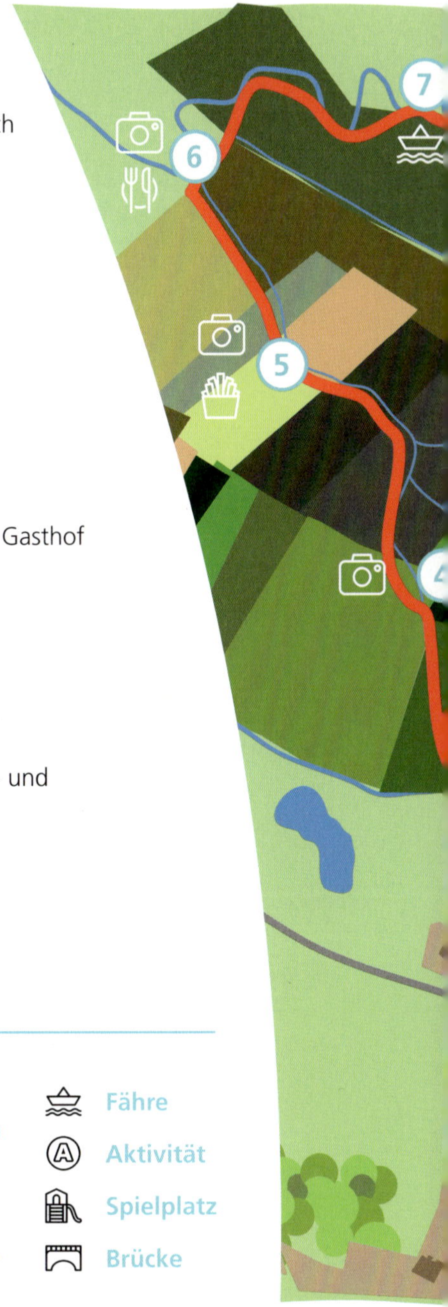

Start/Ziel
Haltestelle
Parkplatz
Sehenswert
Stärkung für Zwischendurch
Restaurant
Übernachtung
Fähre
Aktivität
Spielplatz
Brücke

BLOCKLAND - 20 KM

Wümmewiesen

Rundwege mit dem Rad

1 Bushaltestelle der Linien 33 und 34, Metronom
2 Milchtankstelle Hof Haltermann
3 Landhaus am Deich, heute Eventlocation, dahinter gelegen: Verlassenes Freibad von 1903
4 Ellernhof, Pferdepension
5 Golden Grill
6 Beobachtungsturm beim Biohof
7 Borgfeld Ortskern: Kirche, Hof Klatte u. v. m.
8 Gasthaus Meyerdierks
9 Aussichtshügel
10 Aussichtshügel Wümme-Mittelarm
11 Park Höpkens Ruh und Muhles Park
12 Oberneulander's
13 Kirche St. Johann mit Grundrisskirche
14 Eis Molin
15 Oberneuland Ortskern mit Dampfmühle etc.
16 Bushaltestelle der Linien 33 und 34, Metronom

Start/Ziel
Sehenswert
Haltestelle
Restaurant
Stärkung für Zwischendurch

WÜMMEWIESEN - 23 KM

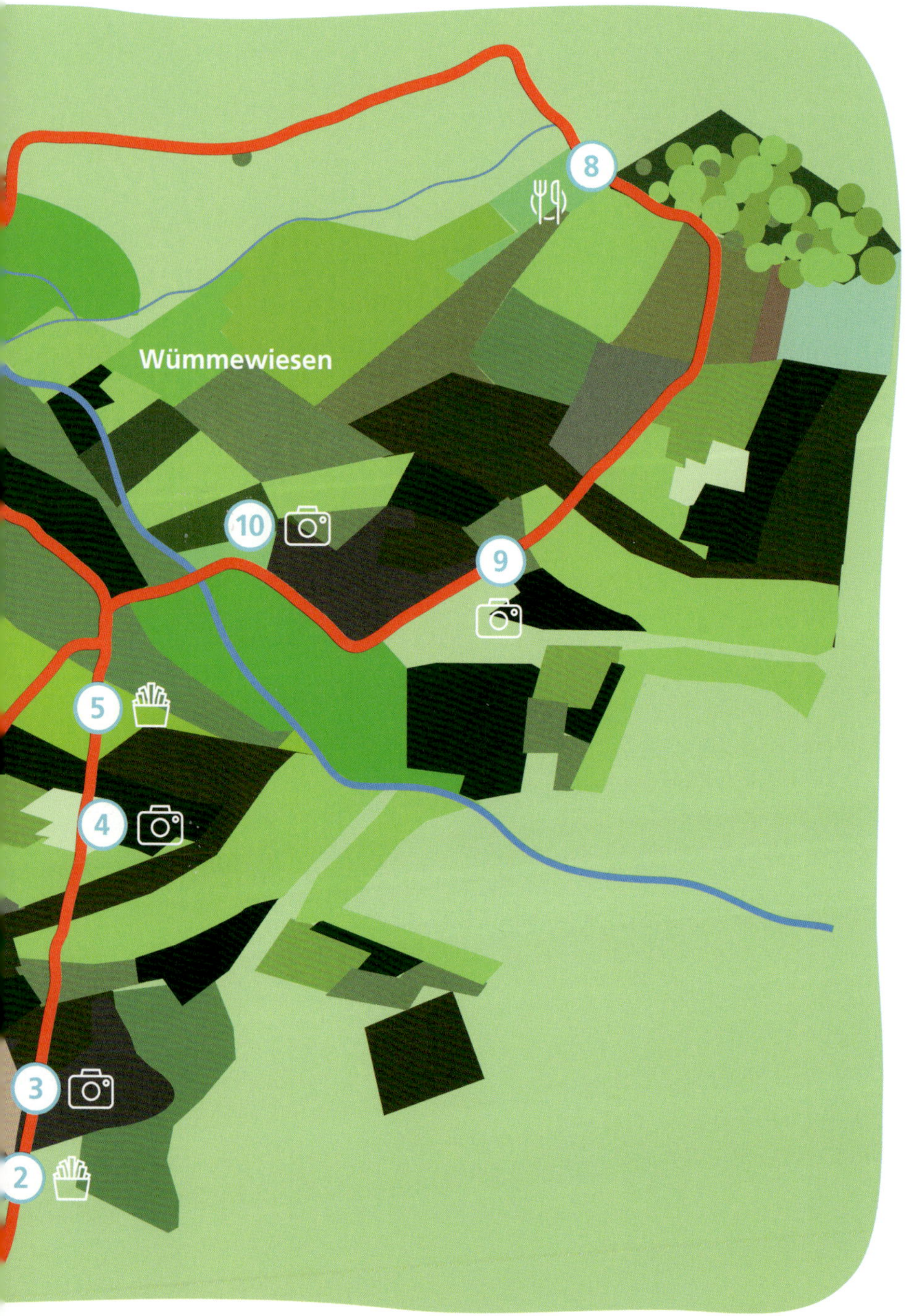

BREMERHAVEN

Direkt an der Nordseeküste findet Ihr die Hafenstadt Bremerhaven. Knapp 60 Kilometer von der Stadt Bremen entfernt, ist Bremerhaven Teil des Bundeslandes Bremen.

Tatsächlich führt die Stadtgeschichte des heutigen Bremerhavens erst gut 200 Jahre zurück. Als im 18. Jahrhundert die Weser immer mehr versandete und die Bremer Häfen nicht mehr ausreichend für den Schiffverkehr waren, suchten die Bremer nach einer neuen Hafenmöglichkeit. Im 19. Jahrhundert kauften sie schließlich eine große Fläche an der Wesermündung vom Königreich Hannover für den Bau eines neuen Hafens. Noch im selben Jahrhundert entwickelte sich der Ort zu einem bedeutenden Überseehafen und mit ihm zu einer eigenständigen Stadt.

Durch den starken Handel mit Amerika und die erste Dampfschifflinie zwischen den beiden Kontinenten wurde Bremerhaven zum größten Auswandererhafen Europas. Eine wichtige Rolle beim Wachstum der Stadt spielte auch die Hochseefischerei. Als die Auswanderungswelle zurückging und die Hochseefischerei an Bedeutung verlor, förderte die Stadt erneuerbare Energien, Forschungen, Kreuzfahrten, den Tourismus und den Containerumschlag.

Unser Tipp: Macht eine Tour mit dem HafenBus zum Containerhafen und bestaunt die stählernen Riesen!

Havenwelten

Direkt am Weserdeich, mitten in Bremerhaven, findet Ihr die Havenwelten. Hier entdeckt Ihr ein riesiges Angebot an touristischen Attraktionen, über die Euch Jonte noch einiges auf seinen Seiten berichten wird. Zwischen der modernen Architektur und der vielen Unterhaltung findet Ihr auch zahlreiche Einkaufsmöglichkeiten. Von hier aus starten übrigens auch die Weser- und Hafenrundfahrten!

Simon-Loschen-Leuchtturm

Wusstet Ihr, dass dies der älteste noch in Betrieb befindliche Festlandleuchtturm an der deutschen Bucht ist? Er ist eines der Wahrzeichen Bremerhavens und wurde im Jahr 1853 von Simon Loschen erbaut.

Aussichtsplattform Sail City

Für einen tollen Blick auf Bremerhaven und die Havenwelten solltet Ihr Euch die Aussichtsplattform des ATLANTIC Hotel Sail City nicht entgehen lassen. In 86 Metern Höhe könnt Ihr Euch auf dem höchsten Gebäude der Stadt den kräftigen Wind um die Nase pusten lassen!

U-Boot Wilhelm-Bauer

Im Museumshafen findet Ihr ein originales U-Boot des Zweiten Weltkriegs. Vom 15. März bis 10. November ist es täglich für Besucher geöffnet, auch an Sonn- und Feiertagen.

Schaufenster Fischereihafen

Hier erwartet Euch eine maritime Erlebniswelt rund um Fisch und Meer. Lasst Euch mit täglich frischem Fisch und Meeresfrüchten verwöhnen und erfahrt vieles über die Verarbeitung. Hier gibt es nicht nur Restaurants, sondern auch leckere Fischbrötchen direkt aus der Räucherei auf die Hand!

BTZ Bremer Touristik-Zentrale

Eine Marke der WFB Wirtschaftsförderung Bremen GmbH

Wenn Ihr Fragen rund um den Bremer Tourismus habt, ist die BTZ Bremer Touristik-Zentrale - Eine Marke der WFB genau die richtige Anlaufstelle für Euch. Hier erfahrt Ihr alles über:

- Sehenswürdigkeiten
- Kultur
- Touren, Besichtigungen und Führungen
- Veranstaltungen
- Essen und Trinken
- Einkaufsmöglichkeiten
- Unterkünfte
- Ausflüge

Und auch wenn Ihr noch keine Idee habt, wo oder wie Ihr mit Eurer Stadterkundung starten sollt, gibt es hier genügend Tipps und Vorschläge, die Euch die Entscheidung und Planung erleichtern.

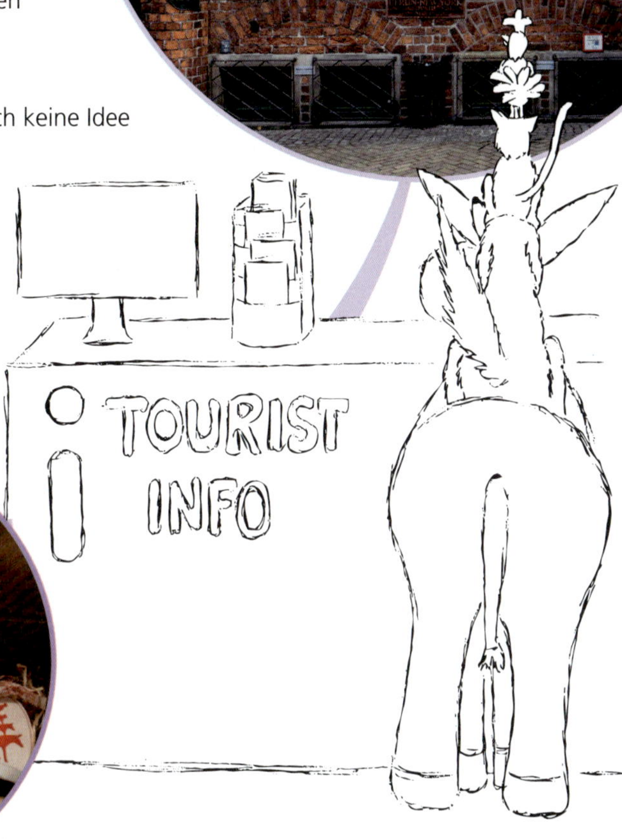

WUSSTEST DU SCHON ...

... dass die bekannte Romanfigur Robinson Crusoe der Sohn eines nach England ausgewanderten Bremer Kaufmanns war? In der Böttcherstraße findet man daher auch das Robinson-Crusoe-Haus. Ludwig Roselius wählte den Namen für das Haus als Symbol für den hanseatischen Tatendrang und den Pioniergeist.

Schaut doch mal rein, denn ohne einen Stadtplan wollt Ihr Euch ja bestimmt nicht ins Getümmel stürzen!

Tourist-Information Innenstadt
Adresse: Böttcherstr. 4 · 28195 Bremen
Geöffnet: Mo-Fr: 09:30 bis 18:30 Uhr
Sa: 09:30 bis 17:00 Uhr
So, feiertags: 10:00 bis 16:00 Uhr

Tourist-Information Hauptbahnhof
Adresse: Hauptbahnhof · 28195 Bremen
Geöffnet: Mo-Fr: 09:00 bis 18:30 Uhr
Sa-So, feiertags: 09:30 bis 17:00 Uhr

Telefon: 0421 / 3080010
Internet: www.bremen.de/tourismus

ERIK

Iiiiiaaaaaaa und hallo, Ihr Naturfreunde! Eure Lieblingsfarbe ist grün? Ihr seid gerne an der frischen Luft und butschert, tobt und spielt im Freien? Ihr steht auf Entdeckungen und Abenteuer in der Natur? Dann dürft Ihr mir gerne folgen! Ich nehme Euch mit auf eine spannende Reise durch Bremen, bei der Eure Klamotten bestimmt nicht sauber bleiben. Wir erkunden Spielplätze, Parks und testen dabei die besten Schaukeln und Rutschen. Ich zeige Euch tolle Picknickplätze an Land und auch, wo Ihr auf dem Wasser rumschippern könnt. Ihr dürft gespannt sein!

Das finde ich gut: *Schönes Wetter, drechig werden*

Meine Lieblingsfarbe: *Blattgrün*

Das will ich werden: *Musiker*

Meine Lieblingsnascherei: *Blumen*

Meine Hobbys: *Fahrradfahren, mir die Sonne auf den Bauch scheinen lassen*

Bürgerpark

Psssst! Hört Ihr das? Ich auch nicht. Herrlich, diese Ruhe inmitten der Hansestadt. Habt Ihr Lust, mit mir die grüne Lunge Bremens genauer unter die Lupe zu nehmen?

Abseits des trubeligen Stadtlebens liegt der Park mit seinen Wasserläufen, seinem Tiergehege, den Spielplätzen und vielem, vielem mehr.

Der autofreie Park lädt Euch ein, die Geräusche der Natur zu erleben und den Park sowohl von der Wasser- als auch der Landseite zu entdecken, egal ob mit Boot, Rad oder zu Fuß.

Wie wäre es denn mit einem Ausflug mit dem Ruderboot? Ich habe mich mal auf einem niedergelassen und führe Euch durch die versteckten Wasserwege des Parks. Mann, ist das spannend, was es alles zu sehen gibt: Am Ufer hoppeln Hasen, im Wasser schwimmen Fische und manchmal hört man auch ein lautes „Quak Quak“. Wisst Ihr, welches Tier ich meine?

Beim Entdeckerpfad könnt Ihr auf Erkundungstour gehen: Mit dem Baumtelefon morsen, barfuß über den Fühlpfad gehen oder Tiere beobachten.

Ich finde, hier ist für jeden etwas dabei und einen Blick in diesen schönen Park sollte man unbedingt riskieren.

Bleibt immer schön **grün** hinter den Ohren!

Wenn Euch das aber noch nicht genug ist, könnt Ihr Eure Geschicklichkeit beim Minigolf testen oder Euch auf den Spielplätzen und Spielwiesen austoben. Bitte spielt, tobt und tollt herum! Das ist ausdrücklich erwünscht.

WUSSTEST DU SCHON ...

... dass man dem Bürgerpark auch Bäume spenden kann?

Besucht auch auf jeden Fall das Tiergehege. Aus nächster Nähe könnt Ihr Euch Enten, Ziegen, Schafe und auch Schweine anschauen. Meine Esel-Freunde trefft Ihr dort übrigens auch!

Adresse: **Bürgerparkverein**
Schweizerhaus Bürgerpark · 28209 Bremen
Telefon: **0421 / 342070**
Internet: **www.buergerpark.de**
Geöffnet: **durchgehend geöffnet**

Rundwege zu Fuß

1 Spielplatz, Minigolf, Ruderboot
2 Melchersbrücke
3 Laubengang
4 Tiergehege
5 Anlegestelle
6 „emma am see"
7 Ruderbootverleih
8 Spielplatz, Minigolf, Ruderboot

Start/Ziel
Sehenswert
Spielplatz
Brücke
Aktivität
Restaurant

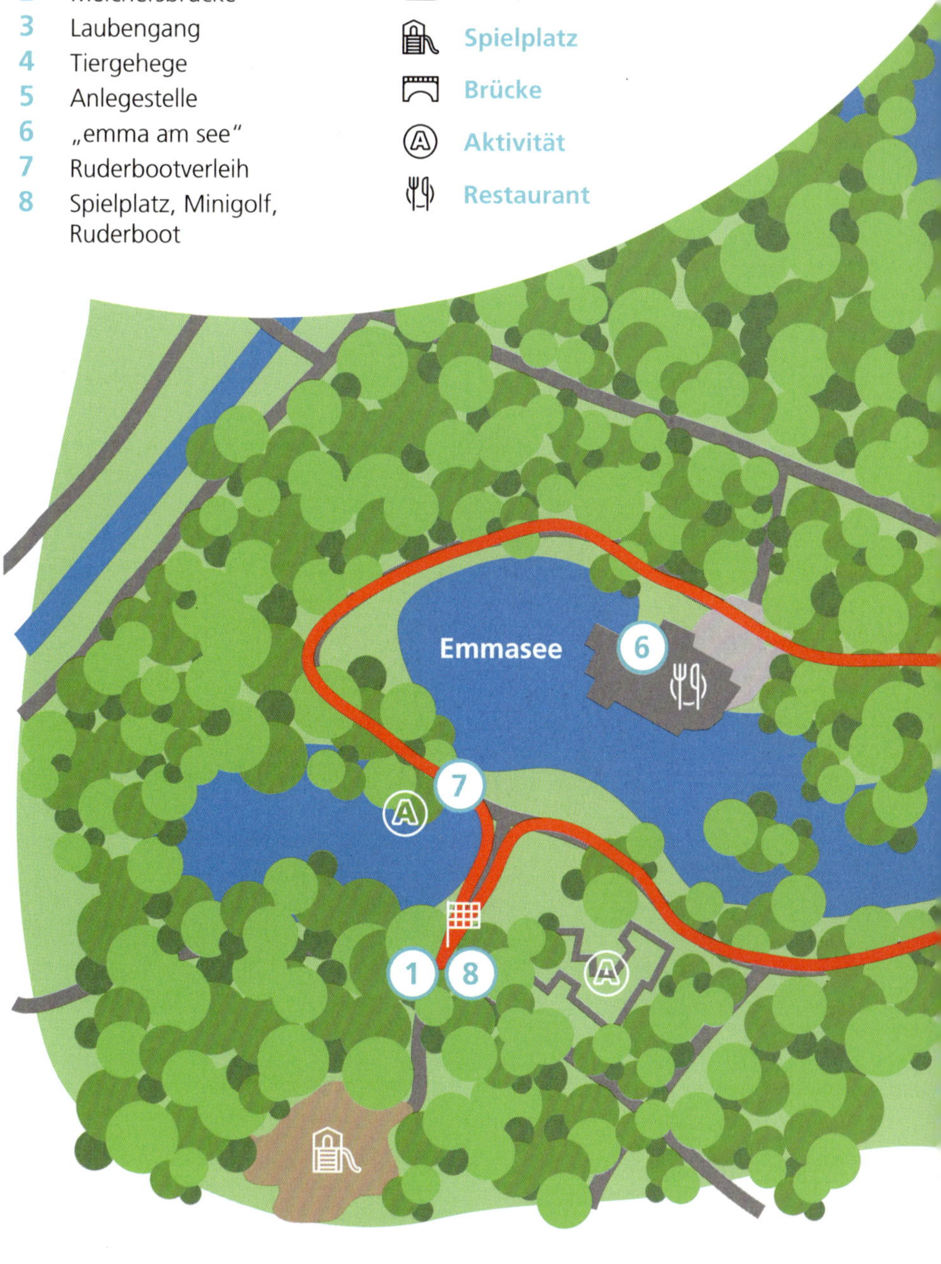

BÜRGERPARK - 2,1 KM

WILDES BAUM- & BLÄTTERRÄTSEL

Als echter Naturliebhaber habe ich mir den einen oder anderen Baum schon einmal genauer angesehen. Ihr auch?

Dann könnt Ihr mir doch bestimmt sagen, welches Blatt, welche Frucht und welcher Samen zu welchem Baum gehört, oder? Tragt einfach bei den Bildern der Blätter, Früchte und Samen die Zahl des entsprechenden Baumes ein und guckt am Ende auf den Lösungsseiten, ob Ihr richtigliegt.

Und wie viele habt Ihr richtig zugeordnet?

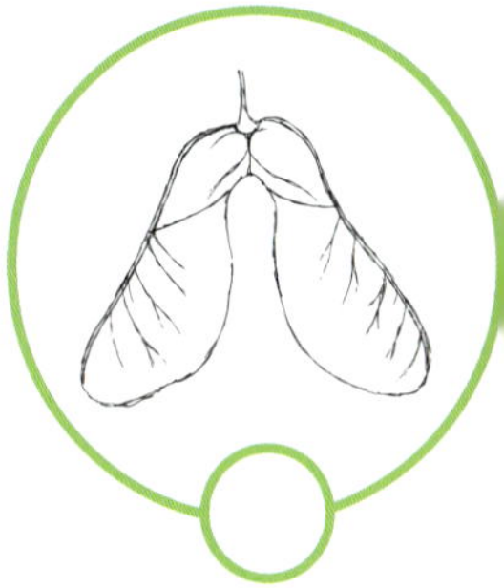

AHORN

EICHE

LINDE

KASTANIE

BUCHE

WILDES BAUM- & BLÄTTERRÄTSEL

Als echter Naturliebhaber habe ich mir den einen oder anderen Baum schon einmal genauer angesehen. Ihr auch?

Dann könnt Ihr mir doch bestimmt sagen, welches Blatt, welche Frucht und welcher Samen zu welchem Baum gehört, oder? Tragt einfach bei den Bildern der Blätter, Früchte und Samen die Zahl des entsprechenden Baumes ein und guckt am Ende auf den Lösungsseiten, ob Ihr richtigliegt.

Und wie viele habt Ihr richtig zugeordnet?

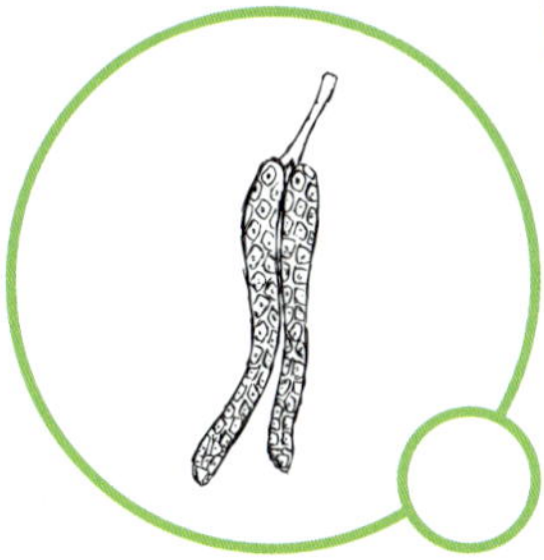

APFEL

6

HASELNUSS

7

WEIDE

8

FICHTE

9

BIRKE

10

Entlang der Weser

Mit einem vollgepackten Picknickkorb bin ich zu einem Spaziergang entlang der Weser aufgebrochen. Die Weser ist der Fluss, der sich durch Bremen schlängelt, müsst Ihr wissen. Hier am Flussufer ist es zu jeder Jahreszeit schön.

Besonders in den warmen Sommermonaten ist am Osterdeich immer viel Trubel, da er für viele Bremer ein beliebter Freizeittreffpunkt ist. Hier wird Sport getrieben, in der Sonne gelegen, Fahrrad gefahren, gespielt, gefeiert oder einfach entspannt. Über das Jahr verteilt finden hier sogar besondere Veranstaltungen, Feste und Konzerte statt. Und wenn im Winter genügend Schnee liegt, könnt Ihr Euch Euren Schlitten schnappen und den Deich runtersausen.

Wusstest du schon ...

... dass die Weser 452 km lang ist und durch vier Bundesländer fließt?

Wie wäre es im Frühjahr oder Sommer mit einer Radtour entlang der Weser? Auf der nächsten Seite findet Ihr eine tolle Route, die Euch an vielen schönen Punkten entlangführt.

Mein Tipp für Euch:
Nehmt Euch eine Decke mit, dann könnt Ihr fast überall eine Pause machen. Oder wie wäre es mit Ball oder Frisbee spielen? Dafür habt Ihr hier genügend Platz!

Wenn Ihr auf die andere Uferseite kommen möchtet, müsst Ihr gar nicht immer weit laufen oder fahren. Es gibt zwischen dem Ostertor und dem Café Sand die Sielwallfähre Ostertor, die Euch sicher über die Weser bringt. Das Fahrrad könnt Ihr auf der Fähre natürlich auch mitnehmen.

Das Café Sand bietet eine super Gelegenheit zum Baden oder Spielen, aber auch für knurrende und hungrige Mägen gibt es viele Leckereien wie Eis, Kuchen oder eine Bratwurst. Ganz in der Nähe findet Ihr übrigens auch die Kinderwildnis. Ihr wisst nicht, was das ist? Dann schaut mal auf die nächsten Seiten!

Habt Ihr das eckige Gebäude entdeckt, das ein bisschen wie eine Burg aussieht? Hierbei handelt es sich um den alten Wasserturm. Mit Rittern und Burgen hat es gar nichts zu tun. Der alte Wasserturm wird bei den Bremern auch „umgedrehte Kommode" genannt. Wieso, fragt Ihr Euch? Schaut Euch das Gebäude einmal genauer an! Seht Ihr, dass die Türmchen wie die Füße einer Kommode aussehen, die auf den Kopf gestellt wurde?

Wenn Ihr Eure Route entlang des Osterdeichs in Richtung Osten fortsetzt, kommt Ihr irgendwann am Wohninvest Weserstadion vorbei. Wenn Ihr mehr über das Stadion des SV Werder Bremen erfahren wollt, schaut einfach mal auf Karlas Seiten vorbei. Sie hat sich dort einmal genauer umgesehen.

Ein kleines Stückchen weiter seht Ihr dann die Weserschleusen, durch die die Schiffe fahren, und das Weserwehr, mit dem der Wasserstand der Weser angepasst werden kann. Ziemlich groß und beeindruckend, oder?

Ich mache nun aber erstmal eine kleine Pause, bevor es weitergeht!

RUNDWEGE MIT DEM RAD

1 Weserburg
2 Martinianleger
3 Sielwallfähre
4 Bootshaus am Weserbogen
5 Pauliner Marsch
6 Erdbeerbrücke
7 Weserwehr, Jacobsberg
8 Weserschleuse
9 NSG Neue Weser
10 Gasthaus „Zum Werdersee“
11 Blick auf Badeplatz und Spielplatz Werdersee
12 Eisdiele „Der Eismacher“
13 Piepe und Kleine Weser
14 Südbad
15 Aussichtspunkt Weserblick
16 Weserburg

Weser - 17 km

Start/Ziel
Haltestelle
Sehenswert
Restaurant
Fähre
Brücke
Spielplatz
Stärkung für zwischendurch
Hallenbad
Hulsberg
Werdersee
Habenhausen
4
5
6
7
8
9
10

UNTERWEGS MIT DEM FAHRRAD

Nach den vielen tollen Vorschlägen für eine Fahrradtour habt Ihr jetzt bestimmt auch richtig Lust, in die Pedale zu treten!

Wenn Ihr kein eigenes Fahrrad habt, ist das kein Problem. In Bremen gibt es nämlich viele Möglichkeiten, sich ein Rad zu leihen. Auf den Internetseiten der jeweiligen Anbieter findet Ihr genauere Informationen zu den Fahrrädern und den Bedingungen. Es empfiehlt sich bei einigen Anbietern, die Räder schon vorab zu reservieren. So könnt Ihr Euch sicher sein, dass diese auch für Euch verfügbar sind.

WUSSTEST DU SCHON ...

... dass der US-Amerikaner Kurt Osborn die USA nur auf dem Hinterreifen seines Fahrrads von West nach Ost durchquerte? Er brauchte dafür zwei Monate.

Wir wünschen Euch eine schöne und sichere Fahrt und radeln mal weiter!

WK Bikes - Art der Fahrräder: Cityrad
Adresse: Standorte siehe App/Homepage
Telefon: 0421 / 36713671
Internet: www.wk-bike.de
Geöffnet: durchgehend mietbar

1-2-3-Rad - Art der Fahrräder:
Cityrad, Tandem, Kinderrad, Jugendrad, Kinderanhänger

Adresse: Buntentorsteinweg 270 · 28201 Bremen
Telefon: 0421 / 5786581
Internet: www.1-2-3rad.de
Geöffnet: Mo,Di, Do, Fr: 10:00 bis 18:00 Uhr
Mi, Sa: 10:00 bis 13:00 Uhr

ADFC-Radstation - Art der Fahrräder:
Cityrad, Trekkingrad, Pedelec, Lasten- und Kindertransportrad

Adresse: Bahnhofsplatz 14a · 28195 Bremen
Telefon: 0421 / 51778822
Internet: www.adfc-bremen.de
Geöffnet: siehe Homepage

Bartels Oberneuland - Art der Fahrräder:
Herrenrad, Damenrad, Kinderrad, Jugendrad, E-Bikes

Adresse: Oberneulander Landstr. 39 · 28355 Bremen
Telefon: 0421 / 259136 | 0151 / 70022200
Adresse: Mühlenfeldstr. 20, 28355 Bremen
Telefon: 0421 / 51703170 | 0176 / 52342310
Internet: www.bartels-oberneuland.de
Geöffnet: Di-Fr: 10:00 bis 13:00 Uhr / 15:00 bis 18:00 Uhr
Sa: 10:00 bis 13:00 Uhr

Radstudio Vegesack - Art der Fahrräder:
Cityrad, Kinderrad, Pedelec

Adresse: Gerhard-Rohlfs-Str. 16 · 28757 Bremen
Telefon: 0421 / 666999
Internet: www.vegerad.de
Geöffnet: Mo-Fr: 9:30 bis 18:30 Uhr / Sa: 9:30 bis 14:00 Uhr

WITT Rad

Adresse: Langenmarckstr. 232 · 28199 Bremen
Telefon: 0421 / 59606445
Internet: www.witt-rad.de
Geöffnet: Mo-Fr: 10:00 bis 13:00 Uhr
15:00 bis 19:00 Uhr
Sa: 10:00 bis 15:00 Uhr

HAL ÖVER BREMER FAHRGAST-SCHIFFFAHRT

Moin, Ihr Landratten! Heute sind wir auf großer Weserrundfahrt unterwegs. Die Hal över Bremer Fahrgastschifffahrt bietet viele verschiedene Fahrten, um Bremen und seine Umgebung auf dem Wasserweg kennenzulernen.

Wir haben es uns auf dem oberen Deck des weißen Schiffes bequem gemacht und sind bereit, die Weser vom Schiff aus zu erkunden. Bei unserer Rundfahrt starten wir direkt am Martinianleger, um dann entlang der Schlachte weiterzufahren.

Die Schlachte, müsst Ihr wissen, ist Bremens Hafenpromenade, die zum Schlendern einlädt. Hier kann man im Sommer bei einem Eis oder einem kühlen Getränk draußen sitzen und das geschäftige Treiben direkt am Wasser beobachten.

WUSSTEST DU SCHON ...

... dass „Hal över" („Hol über") der plattdeutsche Ruf nach dem Fährmann am anderen Ufer war?

Weiter geht es in die stadtbremischen Häfen, vorbei an großen Lagerhallen. Hier gibt es spannende Informationen rund um den Hafen und den Handel in Bremen. Wisst Ihr zum Beispiel, was der Koloss von Bremen ist?

Wir genießen diese Fahrt bei einem leckeren Kakao und lassen unsere Blicke über die vorbeiziehenden Gebäude und Landschaften schweifen.

Adresse:	**Büro, Schlachte 2 · 28195 Bremen**
Telefon:	**0421 / 338989**
Internet:	**www.hal-oever.de**
Geöffnet:	**Sommerzeiten: März-November**
	Mo-Fr: 09:00 bis 17:00 Uhr
	Winterzeiten: Dezember-Februar
	Mo-Di, Do-Fr: 09:00 bis 15:00 Uhr
	Mi: 09:00 bis 17:00 Uhr
	Fahrten und Termine: siehe Homepage
	Betriebsferien: siehe Homepage

Rhododendron-Park & Botanika

Maaaampf – oh mhhh … da habt Ihr mich auf frischer Tat ertappt! Pflanzen und Gräser sind einfach lecker. Das, was Ihr hier in seiner vollen Farbenpracht sehen könnt, ist der Rhododendron-Park.

Schwieriges Wort, hm? Ich habe auch lange gebraucht, um dieses Wort aussprechen zu können. Zum Essen eignen sich diese besonderen Pflanzen übrigens nicht, da viele von ihnen giftig sind.

In dem riesigen Park, der so groß wie 64 Fußballfelder ist, und der botanika gibt es eine der größten Rhododendronsammlungen der Welt. Ja, Ihr habt richtig gelesen – der Welt. 600 Wildarten und über 3000 Züchtungen von den Rhododendronpflanzen könnt Ihr hier sehen.

Im Frühjahr verwandelt sich der Park in ein Farbenmeer allererster Güte. Natürlich könnt Ihr den Park aber auch das ganze Jahr über besuchen, Euch über die wechselnde Farblandschaft freuen und über die Wege und den Spielplatz toben.

Und nun lest es einmal ganz laut vor:

R-H-O-D-O-D-E-N-D-R-O-N

Nach dem zweiten Mal klappt das ganz bestimmt!

Erik hat mich mit in den schönen Rhododendron-Park genommen. An diesem Ort gibt es für mich nämlich eine besonders tolle Attraktion: die botanika.

Hier könnt Ihr einiges über Pflanzen und Tiere aus vielen verschiedenen Erdteilen lernen.

Ein kleiner Tipp: Haltet Ausschau nach den versteckten Stempelstationen. Mit Eurem kleinen Reisepass, den es an der Kasse gibt, könnt Ihr die verschiedenen Stempel sammeln. Findet Ihr alle?

Auf meinen vier Pfoten bin ich durch die botanika getappt und habe Pflanzen mal aus einem ganz anderen Blickwinkel gesehen. Das war wirklich interessant, was diese so alles können.

Wisst Ihr zum Beispiel, wie Pflanzen Wasser in große Höhen bewegen können? Immerhin haben sie keine Muskeln wie wir Tiere oder Ihr Menschen. Die Antwort darauf findet Ihr in der botanika.

Ihr erfahrt auch, wie Pflanzen und Tiere zusammenleben und wie sie manchmal sogar zu Verbündeten werden.

Mein besonderer Höhepunkt war das Schmetterlingshaus! Diese tollen bunten Falter haben es sich abwechselnd auf meinem Kopf gemütlich gemacht und ich bin ganz verzückt von diesen schönen Insekten!

WUSSTEST DU SCHON ...

... dass auch Pflanzen einen Sonnenbrand bekommen können?

Adresse: Deliusweg 40 · 28359 Bremen
Telefon: 0421 / 42706665
Internet: www.botanika-bremen.de
Geöffnet: Mo-Fr: 09:00 bis 18:00 Uhr
Sa-So, Feiertage: 10:00 bis 18:00 Uhr

Blindengarten Bremen e.V.

Könnt Ihr Euch vorstellen, durch einen Garten zu gehen, ohne etwas sehen zu können? Es gibt Menschen auf der Welt, die nichts mehr sehen können und blind sind oder Menschen, die nur wenig mit den Augen wahrnehmen können. In Bremen ist daher eine besondere Sache entstanden: Der Blindengarten Bremen e.V.

Hier sollen sich Menschen zurechtfinden können, die ihr Augenlicht verloren haben. Ich habe mit verbundenen Augen ausprobiert, wie es sich in so einer Welt für mich anfühlen würde.

Wusstest du schon ...

... dass die klassischen fünf Sinne des Menschen Sehen, Riechen, Hören, Schmecken und Tasten sind? Aber auch die Wahrnehmung von Bewegung, Temperatur und das Gleichgewicht sind Sinne des Menschen.

Der Garten ist so angelegt, dass es keine Stufen oder Hindernisse gibt, über die man stolpern könnte.

Die Pflanzen, die hier ihr Zuhause haben, sind zum Beriechen, Erfühlen und Ertasten geeignet. Ich kann Euch sagen, das klappt gut mit verbundenen Augen.

Man muss sich ganz auf seine anderen Sinne verlassen und kann seiner eigenen Vorstellungskraft freien Lauf lassen. Aber auch Sehende lädt der Garten zum Entdecken ein, nicht zuletzt wegen seiner farbenfrohen Blumen.

Damit die Blinden sich über den Garten und die Pflanzen informieren können, gibt es spezielle Tafeln in Blindenschrift, die Hinweise und Erklärungen zu der Gestaltung des Gartens geben.

Und wer nun die Ohren ganz weit aufmacht, der hört auch viele Insekten, die hier wimmeln und sich an der Blumenpracht erfreuen. Probiert es einmal aus, indem Ihr Euch die Augen verbindet und so durch den Garten streift. Das klappt sehr gut und man benötigt keine fremde Hilfe.

Adresse: Raschenkampsweg/Ulenweg · 28759 Bremen
Telefon: 0421 / 84734651
Internet: www.blindengarten-bremen.de
Geöffnet: Mo-So: 09:00 bis 18:00 Uhr
Saison: März bis Oktober

Ökologiestation Bremen

Hallo, Ihr kleinen Naturentdecker! Ihr ertappt mich auf der Suche nach dem saftigsten Apfel... aber das war natürlich nicht mein eigentlicher Grund, hierher zu kommen.

In der Ökologiestation wird Klein und Groß unsere Umwelt nähergebracht und das hat mich neugierig gemacht. Mit seiner einmaligen Lage am Talhang der Schönebecker Aue, bietet Euch das Gelände eine Vielzahl von Biotopen (das sind Lebensräume von bestimmten Lebewesen), wie zum Beispiel einen naturbelassenen Wald, Feuchtwiesen, Streuobstwiesen, einen Bach, verschiedene Teiche und sogar einen Tümpel.

WUSSTEST DU SCHON ...

... dass ein Deutscher im Durchschnitt 25 kg Äpfel im Jahr zu sich nimmt, egal ob als Saft, Kuchen oder Frucht?

Im Wald könnt Ihr Euch auf einem Naturerlebnispfad testen. Nehmt die umliegende Natur mit all Euren Sinnen wahr, indem Ihr an den Blättern der Bäume riecht, Pflanzen anfasst und Euch den Boden unter Euren Füßen genauer anschaut. Ihr werdet viele Tiere entdecken, vom Regenwurm bis hin zum Vogel, der im Baum vor sich hinsingt.

Mein Tipp:
Guckt auf der Internetseite der Ökologiestation Bremen nach dem aktuellen Programm. Hier gibt es, je nach Jahreszeit, tolle Veranstaltungen für Kinder mit vielen Mitmachaktionen. Beim nächsten Apfeltag bin ich bestimmt mit dabei!

Adresse: Am Güthpol 11 · 28757 Bremen
Telefon: 0421 / 2221922
Internet: www.oekologiestation-bremen.de
Geöffnet: Sommerzeit täglich: 07:00 bis 20:00 Uhr
Winterzeit täglich: 08:00 Uhr bis zum Einbruch der Dunkelheit

BUND Kinderwildnis

Wenn Ihr genauso gerne wie ich durch die Natur butschert, dann seid Ihr hier genau richtig mit mir! Ihr wisst nicht, was butschern ist? Na, das ist schnell erklärt. Butschern ist das norddeutsche Wort für draußen spielen und herumstrolchen. Und wer macht das nicht gerne?

Ganz in der Nähe des Cafés Sand befindet sich die Kinderwildnis - und der Name ist Programm. Die Natur darf hier einfach wild wachsen und das macht alles so spannend. Hier gibt es eine riesengroße Wiese, alte Baumstämme, Hügel und Gräben und viele Bäume und Büsche, hinter denen Ihr Euch verstecken könnt.

Aber auch in der großen Sandkiste und dem Wasserlauf könnt Ihr Euch austoben. Das ganze Jahr über ist die Kinderwildnis geöffnet. Ist das nicht super? Ihr könnt hier kommen und spielen, wann immer Ihr möchtet. Zusätzlich gibt es im Jahr noch viele tolle Veranstaltungen, bei denen Ihr mit viel Spaß noch einiges lernen könnt.

Also zieht Eure Butscherhosen an und stürzt Euch in die wilde Natur!

Adresse: Fährweg / Ecke Strandweg (beim Café Sand)
28201 Bremen
Telefon: 0421 / 790020
Internet: www.bund-bremen.net/kiwi
Geöffnet: durchgehend geöffnet

WUPP-Naturerlebnisgelände

Habt Ihr eigentlich schon einmal Stockbrot gemacht und gegessen? Oder wie wäre es, mal ein eigenes Floß zu bauen? Sind Bienen wirklich so fleißig, wie alle immer sagen? Das WUPP-Naturerlebnisgelände bietet Euch viele Veranstaltungen, bei denen Ihr genau das einmal herausfinden und erleben könnt.

WUSSTEST DU SCHON ...

... dass das Wort „Wildnis" kein wissenschaftlicher Begriff ist, sondern nur umgangssprachlich verwendet wird?

Aber auch sonst gibt es allerhand Spannendes zu erleben. Ihr könnt hier auf Bäume klettern oder die Beine baumeln lassen, Eure eigene Hütte bauen, Insekten und Vögeln auf der Spur sein oder Euch in Pfützen mal richtig dreckig machen. Für mich klingt das nach jeder Menge Spaß!

Ich versuche mal, mich zu verstecken. Könnt Ihr mich noch sehen…?

Adresse: ehemaliges Kleingartengebiet am Hagenweg /Ecke Fleetstraße
Telefon: 01578 / 8651288
Internet: www.wupp-bremen.de
Geöffnet: siehe Homepage Veranstaltungsprogramm

Auf Höfen & Farmen

Endlich kann ich Euch meine heimlichen Favoriten zeigen: die Höfe und Farmen für Kinder und Jugendliche in Bremen.

Um den Tieren einmal ganz nah sein zu können, müsst Ihr manchmal gar nicht weit aufs Land fahren. Auch in der Stadt gibt es Höfe, auf denen Klein und Groß ihre Freizeit verbringen können.

Hier wird Euch der Umgang mit Tieren, Pflanzen und der Umwelt nahegebracht. Wisst Ihr, welche Pflanzen später bei Euch auf den Tellern landen oder wie weich die Wolle eines Schafs ist? Warum sind Schweine eigentlich gerne im Matsch und warum sind Gänse so gute Aufpasser? Ich habe noch ganz viele solcher Fragen, die mir hier hoffentlich beantwortet werden.

WUSSTEST DU SCHON ...

... dass Esel nicht stur sind, sondern einfach nur vorsichtig?

Zu tun gibt es auf jeden Fall immer etwas, sodass Ihr oft auf dem Hof und bei den Tieren mithelfen könnt. Ihr lernt dabei, welche Tiere welches Futter bekommen und was sie für ein glückliches Leben brauchen. Meine Wenigkeit freut sich natürlich am meisten über Schmusen und Streicheleinheiten.

Wenn Ihr Euch aber auch mal austoben möchtet, ist das gar kein Problem. Auf den Spielplätzen habt Ihr dafür viel Platz! Und vielleicht entstehen hier ja auch neue Freundschaften für Euch.

Also worauf wartet Ihr noch?
Auf ins wuselige Landleben!

Kinder- und Jugendfarmen e.V.
Adresse: Ohserstr. 40a · 28279 Bremen
Telefon: 0421 / 832798
Internet: www.jugendfarm-bremen.de
Geöffnet: Mo-Fr: 10:00 bis 18:00 Uhr
Feiertage: geschlossen

Stadtteilfarm Huchting
Adresse: Am Sodenmatt 15 · 28259 Bremen
Telefon: 0421 / 588421
Internet: www.stadtteilfarm.de
Geöffnet: Mo-Fr: 10:00 bis 18:00 Uhr
Sa: jeden 1. und 3. im Monat 10:00 bis 16:00 Uhr
(nicht in den Schulferien)

Erlebnisfarm Ohlenhof
Adresse: Maria-Krüger-Str. 90 · 28239 Bremen
Telefon: 0421 / 6167107
Internet: www.ohlenhof.de
Geöffnet: Mo-Fr: 09:00 bis 17:00 Uhr

Kinder- und Jugendfarm Borgfeld
Adresse: Am Lehester Deich 17-21 · 28357 Bremen
Telefon: 0421 / 2433642
Internet: www.hans-wendt-stiftung.de
Geöffnet: Mo-Fr: 09:30 bis 18:00 Uhr

Spielplätze

Toben, raufen, rennen, laufen, spielen, lachen, schreien und sich dreckig machen, wer liebt das nicht? Fiete und ich waren auf den Spielplätzen in Bremen unterwegs und haben ein paar für Euch ausgesucht, auf denen das Spielen so richtig Spaß macht!

Mein Favorit auf Spielplätzen ist übrigens die Seilbahn! Einfach den Teller unter den Popo klemmen, etwas Anlauf nehmen und losschwingen. Ich liebe es, durch die Luft zu sausen und mir vom Wind die Ohren nach hinten pusten zu lassen!

Und mich findet Ihr natürlich hauptsächlich im Sand oder beim Wasserspiel. Ohne dreckiges Fell gehe ich nicht nach Hause! Was gefällt Euch denn am besten?

WUSSTEST DU SCHON …

… dass sich die höchste Schaukel Europas in Amsterdam befindet? In über 100 Metern kann man sich auf dem A'Dam-Turm über die Kante des Gebäudes schwingen.

Spielplatz „Asterix"
Carl-Katz-Straße 2 · 28279 Bremen-Arsten
Im Sand spielen, rutschen, schaukeln, klettern, Seilbahn fahren, Wasserspiel, Karussell fahren, Basketball spielen, Drehteller

Spielplatz Kyffhäuserstraße
Zwischen Kurfürstenallee und Kyffhäuserstraße
28329 Bremen-Gartenstadt Vahr
Im Sand spielen, rutschen, klettern,
Seilbahn fahren, schaukeln

Spielplatz in der Bromberger Straße
Bromberger Straße · 28237 Bremen-Gröpelingen
Im Sand spielen, rutschen, schaukeln, wippen, klettern,
Tischtennis spielen, Basketball spielen, Fußball spielen

Bewegungsspielplatz Zuhause für Kinder
Hermannsburg 32e · 28259 Bremen-Kirchhuchting
Im Sand spielen, rutschen, schaukeln, wippen, klettern,
Seilbahn fahren, Wasserspiel, Karussell fahren, hüpfen,
Basketball spielen, Tischtennis spielen, Fußball spielen,
Spielhaus, Elektronikzone
Nicht frei zugänglich, daher Öffnungszeiten beachten!

Spielplatz am Universum
Wiener Straße 1a · 28359 Bremen-Lehe
Rutschen, schaukeln, wippen, klettern, Wasserspiel, Spielhaus

---

Hundertwasser-Spielplatz
Liegnitzplatz 3 · 28237 Bremen-Lindenhof
Im Sand spielen, rutschen, schaukeln, klettern, Wasserspiel

Spielplatz „Robinsöhnchen"
Am Wall · 28203 Bremen-Ostertor
Im Sand spielen, rutschen, schaukeln, wippen, klettern
Seilbahn fahren, Wasserspiel, Spielhaus

Spielplatz Schenkendorfstraße
Schenkendorfstraße · 28211 Bremen-Schwachhausen
Im Sand spielen, rutschen, schaukeln, wippen,
klettern, Wasserspiel, rodeln

Spielplatz Pfälzer Weg
Otto-Brenner-Allee 54 · 28325 Bremen-Tenever
Im Sand spielen, rutschen, schaukeln, wippen,
klettern, Spielhaus, Karussell fahren

Maislabyrinth

Überall sich schlängelnde, verwinkelte Gänge. Ob ich mich hier zurechtfinde? Wo ist denn wohl der Ausgang? Was meint Ihr? Wisst Ihr überhaupt, wo ich bin?

Ich stehe mitten in einem coolen Labyrinth! Wenn es schön warm ist, und die Pflanzen hochgewachsen sind, dann ist es Zeit für diesen Irrgarten inmitten des Maisfeldes.

Aber einmal von Anfang an: Ich liebe, liebe, liebe Mais! Das sind diese kleinen gelben Körner, die Ihr bestimmt auch schon mal auf Eurem Teller gesehen habt. Und für mich so eine schöne Nascherei für zwischendurch. Nun, ich muss mich in dieser Attraktion ein wenig zurückhalten, damit ich mich nicht durch die Gänge esse und alles kaputt mache.

In dem großen, grünen Labyrinth könnt Ihr Euren Orientierungssinn testen. Es erwarten Euch versteckte Stempel- und Fragestationen. Wenn Ihr alle Stationen gefunden und die Fragen darauf beantwortet habt, könnt Ihr an einem Gewinnspiel teilnehmen.

WUSSTEST DU SCHON …

… dass Mais auf allen Kontinenten der Welt angebaut wird, außer in der Antarktis?

Für die ganz Mutigen unter Euch gibt es auch die Möglichkeit, sich im Dunkeln in das Labyrinth zu wagen. **Aber Vorsicht!** Geister werden sich dann auch ihren Weg durch den Irrgarten bahnen.

Das ist mir dann vielleicht eine Spur zu aufregend, aber vielleicht gibt es ja Mutige unter Euch?

Adresse: Auf dem Feldberg 10a
27777 Ganderkesee-Elmeloh
Telefon: 04221 / 88888
Internet: www.maislabyrinth-ganderkesee.de
Geöffnet: Mi/Fr: 14:00 bis 19:00 Uhr
Sa: 14:00 bis 21:00 Uhr / So: 11:00 bis 19:00 Uhr
Saison: Juli bis September (siehe Homepage)

AUF DEN SPUREN DER TORFBAUERN

Heute bin ich wieder auf dem Wasser unterwegs. Auf dem Torfkanal führt mich meine Reise in das 17. und 18. Jahrhundert.

Damals haben die Menschen Torf abgestochen, um diesen zum Heizen zu verwenden. Torf ist eine bestimmte Bodenart im Moor, die im trockenen Zustand sehr gut brennbar ist. Um die Torfblöcke in die Stadt zu bringen, sind die Moorbauern aus dem Umland über den Wasserweg nach Bremen geschippert. Am Torfhafen in Findorff wurden sie in Empfang genommen. Nach wie vor liegt der Hafen hier, von dem heute auch die Torfkahnfahrten starten.

In den Monaten von April bis Oktober könnt Ihr Euch auf die Spuren der Moorbauern und Torfkahnschiffer begeben. Dann gibt es geführte Touren entlang der alten Route. Auf nachgebauten Torfkähnen schippert Ihr durch das schöne Blockland, kommt an großartigen Landschaften vorbei und erfahrt vieles über die damalige Zeit.

Solltet Ihr das Vergnügen von einem Kajak oder Kanu aus genießen wollen, könnt Ihr diese hier am Torfhafen ebenfalls anmieten und Euch alleine auf die Reise entlang des Torfkanals machen.

Torfkähne Bremen
Adresse: Findorff Torfhafen
Telefon: 0421 / 33626-51
Internet: www.torfkaehne-bremen.de
Geöffnet: siehe Homepage für Abfahrten
Saison: April bis Oktober
Buchungen bitte möglichst 14 Tage im Voraus

Kanu- und Kajakverleih Torfhafen Bremen
Adresse: Eickedorfer Str. 1 · 28215 Bremen
Telefon: 0157 / 36488292

Teufelsmoor

Ich bin heute mit meinen roten Gummistiefeln ins Teufelsmoor geflattert. Eine wirklich tolle Landschaft, die ganz und gar nichts mit dem Teufel zu tun hat.

Der Name leitet sich nämlich von dem niederdeutschen Wort „duven" ab, was so viel wie taub oder unfruchtbar bedeutet. Das Teufelsmoor ist ein beliebter Ort für Naturliebhaber, deswegen bin ich auch mit Erik unterwegs. Hier könnt Ihr toll Fahrradfahren, wandern, spazieren gehen, Euch auf oder im Wasser bewegen und vieles mehr!

WUSSTEST DU SCHON...

... dass die Torfbauern früher „Jan von Moor" genannt wurden?

Wenn Ihr Eure Augen und Ohren gut aufsperrt, könnt Ihr hier auch wunderbar Tiere beobachten. Besonders im Herbst ist es ein fantastisches Schauspiel, wenn tausende Kraniche das Moor zum Rasten besuchen. Das solltet Ihr Euch nicht entgehen lassen!

Auf den Spuren der Moorbauern könnt Ihr interessante Museen besuchen, die Euch eindrucksvoll zeigen, wie die Menschen hier früher gelebt und gearbeitet haben. Wenn Ihr gerne auf dem Wasser unterwegs seid, empfehle ich Euch eine Boots- oder Torfkahnfahrt. Hier gibt es einiges zu sehen! Ich werde nun aber erstmal eine Fahrt im Moorexpress machen!

Tourist-Information für Worpswede und das Teufelsmoor
Adresse: Bergstraße 13 · 27726 Worpswede
Telefon: 04792 / 935820
Internet: www.kulturland-teufelsmoor.de
Geöffnet: Apr-Okt: Mo-Sa: 10:00 bis 17:00 Uhr
So: 10:00 bis 15:00 Uhr
Nov-März: Mo-So: 10:00 bis 15:00 Uhr
Feiertage siehe Homepage

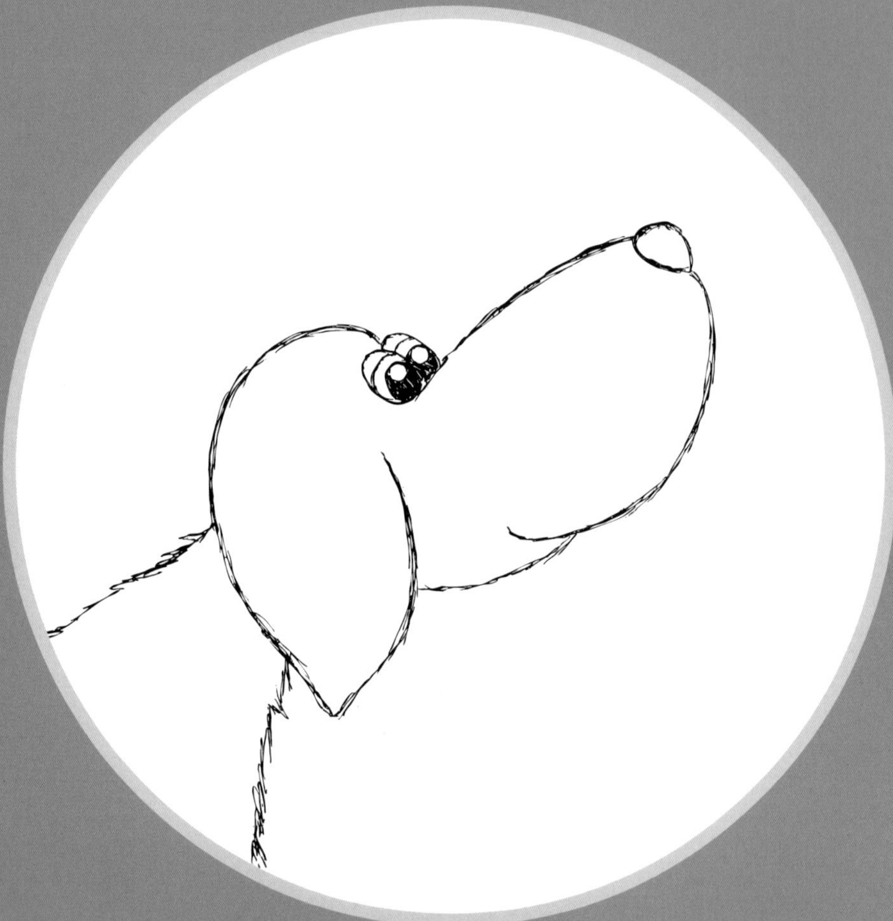

FIETE

Wuff Wuff und Moin Moin! Entdeckt mit mir die wunderschöne Hansestadt. Wir probieren bunte Bonbons, spielen Minigolf im Dunkeln, klettern oder springen hoch hinaus und drehen ein paar Runden auf dem Eis. Aber auch in der Sommerpause könnt Ihr ein paar Runden drehen, nicht auf dem Eis, dafür aber auf Inlineskates. Je nachdem, worauf Ihr Lust habt, tauchen wir entweder im Wasser oder im Bällebad ab! Na, neugierig geworden? Dann kommt mit mir durch das bunte Bremen!

Das finde ich gut: Bälle, Abenteuer, knallige Farben

Meine Lieblingsnascherei: Lollis, Zuckerwatte

Meine Lieblingsfarbe: Bonschenblau

Das will ich werden: Stuntman

Meine Hobbys: Malen, basteln, naschen, toben, schwimmen

Spaß im Wasser

Plitsch, platsch - rein ins kühle Nass! Wusstet Ihr, dass Schwimmen zu den gesündesten Sportarten überhaupt zählt und dass auch Hunde prima schwimmen können?

Beim Schwimmen haltet Ihr Euch richtig fit und benötigt dafür keine großen Vorbereitungen. Wenn Ihr noch eine Seite weiterblättert, seht Ihr, welche Regeln Ihr trotzdem beachten solltet, bevor Ihr baden geht. Ganz wichtig, egal ob Ihr drinnen oder draußen schwimmt: Eine Tüte Pommes ist zwar lecker, aber Ihr solltet nie direkt nach dem Essen ins Wasser springen.

In Bremen und Umgebung gibt es viele Möglichkeiten für Euch, abzukühlen und Euch im Wasser auszutoben. Ihr könnt in Schwimmbäder, Badeseen oder sogar in die Weser hüpfen. Wo genau, das erfahrt Ihr hier!

Ich könnte natürlich jedes Bad und jeden See für Euch testen, aber dann wäre ich ja bald ein Hund mit Schwimmhäuten an den Pfoten. Also schnappt Euch Eure Schwimmsachen und guckt doch einfach mal selbst, welcher Badeort auf der Liste rechts Euch am besten gefällt.

WUSSTEST DU SCHON ...

... dass wir im Wasser nur noch ein Siebtel unseres eigentlichen Körpergewichts schwer sind?

Schwimmbäder in Bremen

Internet: www.bremer-baeder.de
Das richtige Bad schnell finden – Ausführliche Informationen über Hallenbäder, Kombibäder und Freibäder werden über den Badfinder angezeigt

Bremer Badeseen mit Rettungsstationen

Internet: www.bremen.de/leben-in-bremen/sport/baden
Werdersee, Stadtwald- beziehungsweise Unisee, Sportparksee Grambke, Waller Feldmarksee, Mahndorfer See, Achterdieksee, Bultensee, Sodenmattsee

Auswahl weiterer Bademöglichkeiten

Internet: www.seen.de/umkreissuche
Grambker Seebad, Rottkuhle, Werdersee, Harriersand, Ohlenstedter Quellseen, Silbersee, Oyter See, Falkensteinsee, Steller See, Alte Weser

Erlebnisbäder in Bremen und Umgebung

Erlebnisbad GraftTherme in Delmenhorst, Freizeitbad Vegesack in Bremen, OLantis Huntebad in Oldenburg, Ronolulu in Rotenburg, Verwell in Verden

BADEREGELN

Wenn Du Nichtschwimmer bist, gehe nur bis zum Bauch ins Wasser.
Kühle Dich ab, bevor Du ins Wasser gehst, und verlasse das Wasser sofort, wenn Du frierst.
Wenn Du nicht in Gefahr bist, rufe nicht um Hilfe. Hilf anderen, wenn sie Hilfe brauchen.
Überschätze Dich und Deine Kraft nicht.
Gehe niemals mit vollem oder ganz leerem Magen schwimmen.

Wirf Abfälle in einen Mülleimer und halte so das Wasser und die Umgebung sauber.
Verlasse bei Gewitter sofort das Wasser und such ein festes Gebäude zum Schutz auf.
Bade nicht dort, wo Boote und Schiffe fahren.
Aufblasbare Schwimmhilfen bieten Dir keine Sicherheit im Wasser.
Springe nur ins Wasser, wenn Du sicher bist, dass es frei und tief genug ist.

Schlittschuhlaufen - Paradice

Eiskaltes Laufvergnügen und das fast das ganze Jahr über? In einer der größten Eishallen in Norddeutschland, dem Paradice, ist das möglich. Mit Schal und Mütze gewappnet habe ich mich für Euch in die Kälte gewagt und die Eishalle mal genauer unter die Lupe genommen.

Für das Eislaufvergnügen braucht Ihr keine eigenen Schlittschuhe. Die könnt Ihr nämlich direkt vor Ort ausleihen.

Wenn Ihr vorher noch nie auf dem Eis gestanden habt, macht das nichts. Es gibt kleine Helfer, die Euch sicher über das Eis gleiten lassen. Die Helfer sind kleine Eisbären. An denen könnt Ihr Euch festhalten und so eine tolle Figur auf dem Eis machen.

Runde für Runde werdet Ihr sicherer auf dem Eis und schon bald könnt Ihr den Eisbären an den Rand stellen und Euch ohne Hilfe in das glatte Laufvergnügen begeben.

SEMKENFAHRT

Wenn es im Winter richtig knackig kalt ist, könnt Ihr auch draußen Spaß mit Euren Schlittschuhen haben. Die Semkenfahrt im Blockland ist ideal dafür!

Bei ausreichend Frost entsteht hier eine knapp 3 km lange Eislaufbahn, auf der Ihr Euch vergnügen könnt. Die Natureisfläche ist bei Bremern jeden Alters beliebt und lockt viele Eisbegeisterte an.

WUSSTEST DU SCHON ...

... dass Schlittschuhe Zähne an der Vorderseite haben, um sich beim Bremsen ins Eis zu graben?

Ob und wann die Eisfläche vom Bremer Eisverein freigegeben wird, erfahrt Ihr auf der Internetseite des Vereins.

Also packt Euch warm ein, nehmt ein heißes Getränk mit und tobt Euch richtig aus!

Dieses eisige Vergnügen ist etwas wirklich Besonderes! Vielleicht entdeckt Ihr mich ja dann auch!

Paradice
Adresse: Waller Heerstraße 293a · 28219 Bremen
Telefon: 0421 / 6198888
Internet: www.paradice.de
Geöffnet: siehe Homepage

Semkenfahrt
Adresse: Blocklander Hemmstr. 37 · 28357 Bremen
Internet: www.bremer-eisverein.de
Geöffnet: bei längeren Frostphasen durchgehend

Inlineskaten

Rein in die Inlineskates, fertig und los! Bei schönem Wetter gibt es doch fast nichts Besseres, als Inlineskaten zu gehen, oder was sagt Ihr? Ich verstehe gar nicht, warum Erik nicht dabei ist, der ist doch auch so gerne im Freien. Aber gut, ist ihm wahrscheinlich zu schnell…

In Bremen habt Ihr viele tolle Möglichkeiten, Euch auf den acht Rollen fortzubewegen. Längere Touren könnt Ihr super gut durch das Blockland oder die Wümmewiesen machen. Ihr habt ja schon weiter vorne im Buch unsere Fahrradrouten durch die beiden Gegenden gesehen oder vielleicht ja auch schon gemacht. Dann lasst Euch gesagt sein, auch auf Inlinern werdet Ihr hier auf Eure Kosten kommen! Macht aber am Anfang eine nicht allzu lange Strecke, sonst tun Euch irgendwann der Po, die Beine und die Füße weh.

Für die Waghalsigen unter Euch gibt es auch Skateparks in Bremen. Die Adressen findet Ihr hier auf der Seite!

Wusstest du schon …

… dass die erste Form der Inlineskates bereits im 18. Jahrhundert entwickelt wurde? Richtig beliebt wurden sie allerdings erst in den 1990ern.

Wenn Ihr die Bremer Straßen gerne mal am Abend mit Euren Inlinern erkunden möchtet, dann solltet Ihr die Energy Bremen Skate Night nicht verpassen. An jedem ersten Dienstag im Monat findet diese von Mai bis September statt, natürlich nur bei gutem Wetter! Start- und Zielort ist das Hansa-Carré Bremen. Hierfür solltet Ihr aber schon sehr sicher fahren können und genügend Ausdauer haben. Die Teilnahme ist kostenfrei und ohne vorherige Anmeldung möglich. Für weitere Infos schaut einfach mal auf die Seite **www.happyskater.de**.

Also, worauf wartet Ihr noch? Vergesst Euren Helm und Eure Schützer nicht und auf geht's! Ich tobe mich noch ein wenig im Skatepark aus und feile an meinen Tricks!

Sportgarten Überseestadt
Adresse: Am Winterhafen · 28217 Bremen
Telefon: 0421 / 75808
Geöffnet: Durchgehend geöffnet

Sportgarten Pauliner Marsch
Adresse: Osterdeich 800 · 28205 Bremen
Telefon: 0421 / 4919215
Geöffnet: Werktags 14:00 bis 20:00 Uhr für alle
Sa, So/Ferien/Feiertage 11:00 bis 20:00 Uhr
Bitte die Schließzeit im Winter beachten!

Sportgarten Skatehalle P5
Adresse: An der Weide 50a · 28195 Bremen
Telefon: 0421 / 75808
Geöffnet: siehe Homepage

Internet: www.sportgarten.de

Adventure Golf

Meine Güte, ich habe meinen Golfball schon wieder ins Gebüsch geschlagen! Wo ist der denn nur? Ich bin heute beim Adventure Golf in Bremen und hoffe, Ihr stellt Euch besser an als ich.

Adventure ist Englisch und heißt übersetzt Abenteuer. Also genau das Richtige für mich. Auf der Anlage werden Minigolf und Golf miteinander verbunden. Die Bahnen sind dem Minigolf nachempfunden. Bespielt werden sie jedoch gleichzeitig von allen Spielern. Das ist schon was anderes, denn sonst spielt jeder eine Bahn für sich nacheinander durch. Und wisst Ihr, was besonders gemein ist? Wenn Euer Ball vom Ball eines anderen Mitspielers weggeschlagen oder berührt wird. Das ist hier nämlich erlaubt!

WUSSTEST DU SCHON …

… dass der Astronaut Alan Shepherd die erste Person war, die einen Golfball außerhalb der Erde schlug? Durch die geringe Schwerkraft des Mondes flog der Ball mehrere hundert Meter weit.

Es geht also wirklich spannend zu und es gibt viele verschiedene und abwechslungsreiche Bahnen, die Ihr alle bespielen könnt. Mit Geschick müsst Ihr den Ball über Sandhindernisse, vorbei an Wasserläufen und Steinen führen. Ihr seht, es wird Euch nicht so einfach gemacht, den Ball ins Loch zu bugsieren.

Und? Wer schafft es, den Ball mit nur einem Schlag einzulochen, oder bei wem verschwindet er auch abseits der Bahn?

Ich übe noch fleißig!

Adresse: Gottfried-von-Cramm-Straße 3 · 28307 Bremen
Telefon: 01520 / 6548974
Internet: www.adventure-golf-bremen.de
Geöffnet: April bis Oktober und nach Wetterlage siehe Homepage

SchwarzLichtHof

Moment mal?! Minigolf komplett im Dunkeln? Also ich für meinen Teil kenne Minigolf nur im Freien, bei Tageslicht. Geht Euch das auch so?

Die Bremer spielen Minigolf aber auch hin und wieder im Schwarzlicht. Wie das funktioniert, habe ich mir einmal genauer angesehen. Ihr braucht auch keine Angst im Dunkeln zu haben, denn natürlich sieht man trotzdem noch was. Kommt und folgt mir!

Schwarzlichtminigolf funktioniert genauso wie Minigolf im Tageslicht: Ihr habt einen Schläger sowie einen Ball und versucht mit diesem, in ein Loch zu treffen. Der einzige Unterschied ist, dass ihr drinnen seid und das Schwarzlicht die Schläger, Bahnen und Bälle leuchten lässt.

Ist doch eigentlich auch klasse, dass man nicht auf das Wetter angewiesen ist, oder? Auf 18 Minigolfbahnen und den Pit Pat (Billiardanlagen) könnt Ihr Euch auf die Spuren der ehemaligen Bremer Hafenarbeiter begeben.

Ihr spielt zwischen echten Kaffeesäcken und Fischernetzen inmitten einer nachgestellten Hafenumgebung.

Also worauf wartet Ihr noch?
Wer hat die schärfsten Eulenaugen und braucht am wenigsten Schläge?

WUSSTEST DU SCHON …

… dass Golf im 15. Jahrhundert erfunden und damals nur von wohlhabenden Leuten gespielt wurde?

Adresse:	Schwarzlichthof Cuxhavener Str. 7 · 28217 Bremen
Telefon:	0421 / 427 832 00
Internet:	www.schwarzlichthof.de
Geöffnet:	Sommersaison (Juni - August) Mi, Do: 15:00 bis 21:00 Uhr Fr: 14:00 bis 00:00 Uhr Sa: 10:00 bis 00:00 Uhr So, Feiertage: 10:00 bis 19:00 Uhr Wintersaison (September - Mai) Mi, Do: 14:00 bis 20:00 Uhr Fr: 14:00 bis 00:00 Uhr Sa: 10:00 bis 00:00 Uhr So, Feiertage: 10:00 bis 20:00 Uhr

MINIGOLF-HELDEN

Guckt mal, wie hier alles leuchtet! Das liegt an dem Schwarzlicht und der fluoreszierenden Farbe. Ich habe mir davon mal ein paar Kleckse ins Fell gemacht und strahle nun genauso!

Wisst Ihr, wie das funktioniert? Nein? Ich erklär's Euch: Fluoreszierende Farbe leuchtet von selbst, wenn sie mit einem bestimmten Licht, wie Schwarzlicht, angestrahlt wird. Die verschiedenen Bahnen und Räume auf der Minigolfanlage liegen im Dunkeln und sind mit genau dieser Farbe bemalt, damit sie im Schwarzlicht leuchten.

WUSSTEST DU SCHON …

… dass es auch im Tierreich Fluoreszenz gibt? Besonders in den Meeren ist diese Fähigkeit häufiger zu finden, beispielsweise bei Quallen, Korallen und Fischen. Forscher vermuten, dass die leuchtende Farbe zur Verständigung dient. Sie könnte für Feinde abschreckend oder für mögliche Partner und Beute anziehend wirken.

So könnt Ihr in eine tolle Neonwelt eintauchen. Wenn Ihr dachtet, das war schon das ganze Abenteuer, dann irrt Ihr Euch. Die fünf verschiedenen Welten lassen das Minigolf-Erlebnis einmalig werden, indem sie Euch mit Projektionen und Gerüchen in eine andere Welt versetzen. Setzt Euch die 3D-Brillen auf und versucht, die leuchtenden Bälle in den Löchern zu versenken.

Ich werde mein Glück jetzt auch mal testen. Welche der fünf Welten gefällt Euch am besten?

Adresse: Plantage 5 · 28215 Bremen
Telefon: 0421 / 35097617
Internet: www.minigolf-helden.de
Geöffnet: Mo-Do: 15:00 bis 23:00 Uhr
Fr: 15:00 bis 00:00 Uhr / Sa: 12:00 bis 00:00 Uhr
So: 12:00 bis 22:00 Uhr / In den Ferien Mo-Fr bereits um 10:00 Uhr geöffnet

LASERTAG

Heute probiere ich Lasertag aus. Das ist echt total spannend. In dem Spiel geht es darum, möglichst viele Punkte zu erzielen. Dabei saust Ihr durch eine mega aufregende, künstliche Schwarzlichtwelt. Gespielt wird entweder in Teams oder jeder für sich alleine. Taktik, Geschicklichkeit und gute Reflexe helfen Euch dabei.

Ihr fragt Euch bestimmt, wofür ich die Weste und den Phaser benötige. Das ist ganz einfach. Auf der Weste befinden sich Sensoren, die man mit Hilfe des Phasers deaktivieren kann. Das geschieht mit einem Infrarotsignal (puh, schwieriges Wort), das der Phaser aussendet. Jeder Spieler trägt so eine Weste und einen Phaser. Im Spiel versucht ihr, die Sensoren auf der Weste des Gegners zu treffen. Das nennt sich „taggen“ (= markieren). Außerdem sendet der Phaser noch einen Laserstrahl aus. Er hilft Euch beim Zielen und er sieht unheimlich cool aus.

Der Name des Spiels setzt sich übrigens aus dem Wort „taggen“ und „Laser“ zusammen: Lasertag

LaserSky Bremen

Adresse:	**Plantage 5 · 28215 Bremen**
Telefon:	**0421 / 38875764**
Internet:	**www.lasertag-lasersky.de**
Geöffnet:	**Mo-Do: 15:00 bis 23:00 Uhr**
	Fr: 15:00 bis 00:00 Uhr
	Sa: 12:00 bis 00:00 Uhr
	So: 12:00 bis 22:00 Uhr
	In den Ferien: Mo-Fr ab 10:00 Uhr geöffnet

Jetzt wisst Ihr schon, wie man Punkte erzielen kann. Klasse. Sollte ein Gegner mal einen Sensor auf Eurer Weste treffen, was sehr häufig vorkommt, seid Ihr für ein paar Sekunden aus dem Spiel. Ihr seid dann „deaktiviert". Das macht aber nichts, denn nach ein paar Sekunden seid Ihr wieder zurück im Spiel.

Damit es noch spannender wird, kann man im Spiel Extra-Punkte sammeln. Dafür sind in der Arena (= Spielfläche) besondere Ziele versteckt.

Richtig klasse ist aber, dass man Superkräfte bzw. weitere Fähigkeiten dazu bekommen kann.

Also, seid auf der Hut, damit Euch andere Spieler nicht deaktivieren, und sammelt dabei selber jede Menge Punkte. Aber keine Angst, ein Treffer mit dem Lichtstrahl tut nicht weh!

Das macht einen riesigen Spaß! Ich spiele jetzt noch eine Runde. **Seid Ihr auch dabei?**

WUSSTEST DU SCHON ...

... dass der erste Laserstrahl im Jahr 1960 von Theodore Maiman erstellt wurde? Seine Farbe war rot.

Area 46 Fun Center Bremen Walle
Adresse: Waller Heerstraße 46 · 28217 Bremen
Telefon: 01523 / 8560650

Area 46 Lasertag Am Weserpark
Adresse: Osterholzer Heerstraße 223 · 28307 Bremen
Telefon: 0421 / 40989060
Internet: www.area46-lasertag.com
Geöffnet: Mo: nur auf Reservierung
Di-Do: 15:00 bis 21:00 Uhr
Fr: 15:00 bis 22:00 Uhr / Sa: 12:00 bis 22:00 Uhr
So, Feiertage: 12:00 bis 19:00 Uhr
Übrigens: In Bremerhaven gibt es auch eine Area 46!

HAFENRUMMEL

Heute bin ich wieder in der Überseestadt Bremen unterwegs und versuche mich an Jahrmarktspielen. Habt Ihr dazu auch Lust?

Im Keller der alten Energieleitzentrale könnt Ihr Euch den Weg durch die unterirdische Hafenwelt der 1950er-Jahre bahnen. 11 Station warten darauf, erkundet und bespielt zu werden. Natürlich gibt es an jeder Station Erklärungen, wie diese gespielt werden, wie viele Versuche Ihr habt oder in welcher Zeit es gilt, das Rätsel zu lösen.

Die einzelnen Stationen fordern Euer ganzes Geschick und Eure Schnelligkeit. Natürlich gehört auch eine ordentliche Portion Glück dazu, am Ende die meisten Punkte durch das Ziel zu bringen. Vom Glücksrad bis zum Wettrennen ist alles dabei. Mich findet Ihr direkt vor den Hafenfässern. Ich versuche schon die ganze Zeit, die Bälle in die Löcher mit der höchsten Punktzahl zu werfen.

WUSSTEST DU SCHON …

… dass der Weltrekord im Jahrmarktspiel „Hau-den-Lukas" bei 500 Schlägen in 39 Minuten liegt?

12 Punkte habe ich geschafft!
Meint Ihr, Ihr trefft besser und bekommt mehr Punkte als ich?

Adresse: Am Speicher XI 11 · 28217 Bremen
Telefon: 0421 / 40897500
Internet: www.hafenrummel.de
Geöffnet: Mi-Do: 14:00 bis 20:00 Uhr / Fr: 14:00 bis 0:00 Uhr
Sa: 10:00 bis 0:00 Uhr /
So, Feiertage: 10:00 bis 20:00 Uhr (Sept. bis April)
10:00 bis 19:00 Uhr (Mai bis August)

Kinderatelier

Heute trefft Ihr mich bunt bekleckst und voller Tatendrang! Ich werde mich den großen Malern wie Picasso oder Van Gogh anschließen. Und wie Ihr wisst, sind mir knallbunte Farben am allerliebsten, deswegen werde ich diese heute auch am meisten benutzen!

Im Kinderatelier in Bremen-Borgfeld könnt Ihr Euch kreativ ausleben. Wusstet Ihr, dass der Begriff Atelier aus dem Französischen kommt und übersetzt Werkstatt heißt? Diese Werkstatt ist die Heimat der Kreativen und der Künstler, die hier alles auf Papier und Leinwände bringen oder zu Skulpturen formen.

WUSSTEST DU SCHON …

… dass der Mensch bis zu 20 Millionen Farben unterscheiden kann?

Hier im Kinderatelier erfahrt Ihr alles über die verschiedenen Bereiche der Kunst und wie Ihr mit verschiedenen Techniken die schönsten Kunstwerke zaubern könnt. Zeichnet, bastelt, malt, modelliert und gestaltet, worauf immer Ihr Lust habt. Euch und Euren Ideen sind keine Grenzen gesetzt! Lasst Euch von den Kursleitern alles über die Welt der Farben zeigen und erklären. Ich bin mir sicher, dass auch in Euch große Künstler schlummern!

Besonders toll finde ich übrigens die Graffiti! Habt Ihr Lust, so etwas auch mal zu probieren? Dann schaut einfach, wann der nächste Kurs dafür stattfindet. Vielleicht bin ich dann ja auch mit dabei!

Adresse: Lange Streifen 9a · 28357 Bremen
Telefon: 0421 / 55900279
Internet: www.borgfelder-kinderatelier.de
Geöffnet: siehe Kursprogramm auf der Homepage

BREMER BONBON MANUFAKTUR

Bremen hat ein süßes Geheimnis: Die Bremer Bonbon Manufaktur. Hier bin ich für Euch auf eine leckere Entdeckungstour gegangen.

Schon beim Betreten des Ladens bin ich direkt im Süßigkeiten-Himmel angekommen. Wohin mein Auge sieht: Bonbons, Lollies und Brause in den unterschiedlichsten Farben, Formen und Größen.

Die Bremer Bonbon Manufaktur stellt in liebevoller Handarbeit ihre farbenfrohen Bonbons her. Mehr als 100 verschiedene Sorten, von fruchtig-frisch bis chili-scharf, von einfarbig bis gestreift.

Ich habe mir meine Nase an der Scheibe zur Bonbonküche plattgedrückt. Diese befindet sich nämlich auch direkt im Laden.

Hier könnt Ihr erleben, wie aus buntem Zuckerteig zuerst lange, immer dünner werdende Zuckerschlangen und schlussendlich die farbenfrohe Bonbonvielfalt entstehen. Das Beste ist aber, dass Ihr direkt von den Bonbons probieren könnt!

Mein Tipp an Euch: Nehmt Euch ein Glas der Bonbons mit nach Hause. Dann könnt Ihr noch ein wenig weiter naschen.

Ich habe mir auch schon einen zuckersüßen Lolli für unterwegs geschnappt!

WUSSTEST DU SCHON …

… dass es in China einen 185 m langen Bonbon-Teppich gab, der aus 13 Tonnen Bonbons bestand?

Manufaktur
Adresse: Böttcherstr. 8 · 28195 Bremen
Telefon: 0421 / 36491231
Internet: www.bremer-bonbon-manufaktur.de
Geöffnet: Mo-Sa: 11:00 bis 18:00 Uhr
So (Apr-Dez): 12:00 bis 17:00 Uhr

Werkstatt
Adresse: Marterburg 30 · 28195 Bremen
Telefon: 0421 / 22342722
Internet: www.bremer-bonbon-manufaktur.de
Geöffnet: Fr-So: 11:00 bis 17:00 Uhr
für Workshops nach Bedarf

BOULDERN

BOULDER BASE BREMEN

Habt Ihr das Wort „Bouldern" schon einmal gehört und wisst, was damit gemeint ist? Nein? Ich gebe Euch mal einen Tipp: Bouldern kommt von dem englischen Wort „Boulder" und bedeutet „Felsblock". Und? Immer noch nicht? Na gut, dann passt mal auf!

Hinter dem Wort „Bouldern" verbirgt sich eine Sportart, bei der es ums Klettern geht.

Wie Ihr vielleicht gemerkt habt, ist Bremens Natur sehr flach. So flach, dass der Müllberg mit 49 Metern der höchste Berg ist. Riesige Felswände zum Klettern sucht Ihr hier also vergebens. Aber das braucht Ihr auch gar nicht, denn in Bremen gibt es in Hallen tolle Möglichkeiten zum Bouldern.

Adresse:	**Hohweg 5 (Eingang Ingolstädter Straße)**
	28219 Bremen
Telefon:	**0421 / 36564422**
Internet:	**www.boulderbasebremen.de**
Geöffnet:	**Mo: 13:00 bis 23:00 Uhr**
	Di-Fr: 10:00 bis 23:00 Uhr
	Sa-So, Feiertage: 10:00 bis 21:00 Uhr

LINIE 7

WUSSTEST DU SCHON ...

... dass Sportklettern 2021 in Tokio zum ersten Mal eine olympische Disziplin ist?

Und wisst Ihr, was noch anders ist als beim normalen Klettern? Beim Bouldern klettert Ihr an Kletterwänden hoch, die in Absprunghöhe sind. Ihr habt auch kein Seil und keine Sicherung. Aber keine Angst, unten fängt eine Matte Euren Sprung auf.

Das wirklich Tolle am Bouldern ist, dass der Sport für jeden etwas ist, für Groß und Klein, für Alt und Jung! Wie wäre es denn, das mal mit der ganzen Familie auszuprobieren?

Ich bin auch schon ganz angetan und starte den nächsten Versuch!

Adresse:	**Beim Handelsmuseum 9 · Tor 43**
	28195 Bremen
Telefon:	**0421 / 57730327**
Internet:	**www.linie7.com**
Geöffnet:	**Mo, Mi, Fr: 10:00 bis 22:00 Uhr**
	Di, Do: 10:00 bis 23:00 Uhr
	Sa-So: 14:00 bis 22:00 Uhr
	an Feiertagen siehe Homepage

JUMP HOUSE

In Bremen wird sich nicht nur auf dem Fahrrad oder zu Fuß fortbewegt, man kann auch durch die Luft fliegen. Das JUMP House lädt Euch zum Trampolinspringen der besonderen Art ein!

In einer großen Halle könnt Ihr hüpfen, springen und toben, was das Zeug hält. Entdeckt die unterschiedlichen Aktionsbereiche und beweist Euch in Schnelligkeit, Ausdauer und Geschicklichkeit. Hier ist für jeden springenden Floh das Passende dabei! Habe ich „Floh" gesagt? Da kribbelt es mich… Ich meine natürlich „Gast"!

WUSSTEST DU SCHON ...

... dass das Trampolinturnen seinen Ursprung in der Zirkuswelt hat? Zunächst diente das Netz für die Artisten nur als Sicherheit, später wurde es mit Sprüngen als eigenständige Nummer eingebaut.

Schnappt Euch die orangenen Socken und nichts wie los auf die Trampoline! Klettert hoch hinaus, probiert Euch auf einem Parcours in der Ninja Box aus, kämpft in der Battle Box gegeneinander oder springt in ein riesengroßes Becken mit Schaumstoffwürfeln. Das Spektakulärste für mich war der Sprung auf ein großes Luftkissen. Ihr könnt Euch gar nicht vorstellen, wie weit ich geflogen bin. Hier gilt auf jeden Fall mein Motto **„höher, weiter, schneller"**!

Wie war denn Eure Bestzeit im Parcours?

Adresse: AG-Weser-Str. 3 · 28237 Bremen (im Einkaufszentrum Waterfront)
Telefon: 0421 / 3770890
Internet: www.jumphouse.de/bremen
Geöffnet: Mo-Di: 15:00 bis 20:30 Uhr
Mi-Do: 14:00 bis 20:30 Uhr
Fr: 14:00 bis 22:00 Uhr
Sa: 09:30 bis 22:00 Uhr
So: 10:00 bis 20:00 Uhr

SPIEL COOLISSE

Spielen und toben! Das ist mein Super-Spezialgebiet. Für Euch habe ich viele Abenteuerlandschaften ausprobiert und kann Euch sagen, dass hier für wirklich jeden etwas dabei ist! Achtung! Ich tauche ab im Bällebad!

Tolle Sensationen wie ein Kletterlabyrinth mit Softballarena und Ballschusskanonen, schnelle Rutschen, eine Fußballarena, Trampoline und noch unglaublich viele andere Höhepunkte warten darauf, von Euch erkundet zu werden. Die Mutigen unter Euch können sich sogar über eine 40 Meter lange Hängebrücke in großer Höhe wagen. Na, wer traut sich?

WUSSTEST DU SCHON ...

... dass Du für ein eigenes Bällebad in Deiner Wanne ca. 1000 Bälle brauchst?

Adresse: Hans-Bredow-Straße 9 · 28307 Bremen
Telefon: 0421 / 42809070
Internet: www.spielcoolisse.de
Geöffnet: Mo-Do: 11:00 bis 19:00 Uhr
Fr: 11:00 bis 20:00 Uhr
Sa: 10:00 bis 20:00 Uhr
So: 10:00 bis 19:00 Uhr

Leo's Abenteuerpark

In Leo`s Abenteuerpark steht das Rennen, Bewegen und Toben an erster Stelle. Besteigt den Vulkan und werdet dabei von dem Maskottchen Leo dem Löwen angefeuert. Auf der steilen Wasserfallrutsche könnt Ihr Euch die Haare nach hinten wehen lassen und für alle Kletterer ist der Spinnenturm genau das Richtige. Habt Ihr Lust auf eine Seeschlacht? Dann ab ins Piratenschiff. Oder hüpft auf den Trampolinen mal richtig hoch hinaus! Für Eure Stärkung und das leibliche Wohl wird wird hier im hauseigenen Bistro natürlich auch gesorgt.

Adresse: Löwenhof 4 · Am Kaffeequartier
28217 Bremen
Telefon: 0421 / 83063968
Internet: www.leosabenteuerpark.de
Geöffnet: Mo-So: 10:00 bis 20:00 Uhr
Feiertage abweichend:
siehe Homepage

Bremer Abenteuerland

Aufregung und Spaß findet Ihr im Bremer Abenteuerland. Im großen Indoor-Spielpark könnt Ihr auf Trampolinen und Hüpfburgen springen, die schnellen Rutschen runterdüsen oder im Hindernis-Labyrinth gegeneinander antreten. Habt Ihr schon alle Ecken des großen Abenteuerhauses entdeckt? Auf vier Etagen könnt Ihr rumtoben und rumflitzen.

WUSSTEST DU SCHON ...

... dass in Wien mit 117 Metern das größte Kettenkarussell der Welt steht?

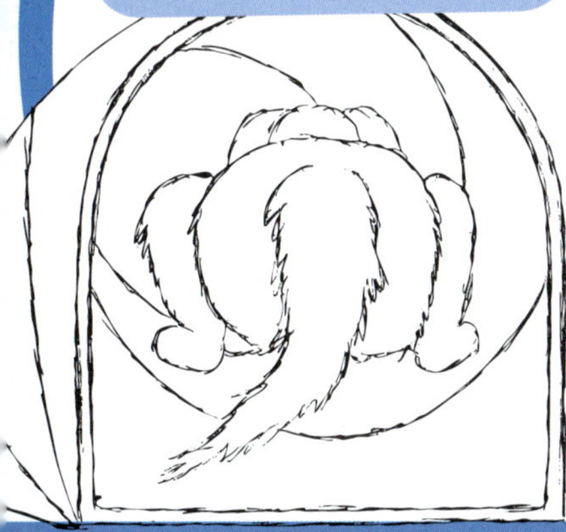

Für noch mehr Spaß findet Ihr auf dem gleichen Gelände noch die Ballkanonen-Area. Action Pur während Ihr Euch mit Softbällen aus Luftkanonen abschießen könnt. Eine rasante Spritztour erlebt Ihr auf der Kinderkartbahn. Könnt Ihr Euch noch nicht entscheiden, was Ihr zuerst machen wollt? Vielleicht ja doch die Dschungelhüpfburg oder die Riesenrutschenhüpfburg? Ich sause nochmal die Rutsche runter!

Adresse: Luxemburger Weg 7 · 28816 Stuhr
Telefon: 04221 / 3234
Internet: www.bremer-abenteuerland.com
Geöffnet: Mo-Fr: 14:00 bis 19:00 Uhr
Sa-So, Feiertage: 10:00 bis 19:00 Uhr

FIETES TASCHEN-CHAOS

Toben und essen mache ich am liebsten! Und weil ich nie weiß, wo mich das nächste Abenteuer erwartet, habe ich immer eine ganze Menge mit dabei. Bei den Indoorspielplätzen war ich wohl etwas zu aufgeregt. Nun ist alles in meiner Tasche durcheinander.

Könnt Ihr mir helfen, die Sachen zu sortieren und sagen, welches Teil nicht zu den anderen passt?

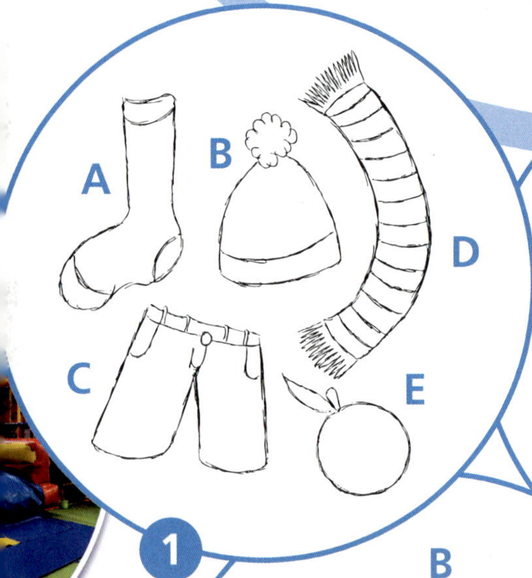

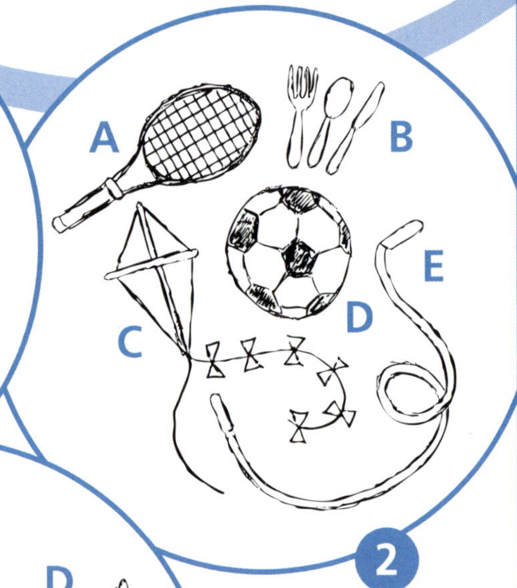

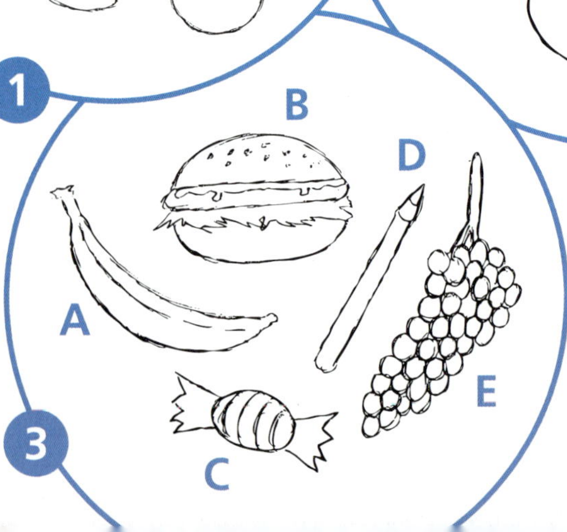

1 ◯

2 ◯

3 ◯

BB-Kart

Bruuuuumm, Bruuuuumm! Könnt Ihr mich verstehen? Es ist so laut hier in der BB-Kart-Anlage in Bremen!

Für alle PS-Verrückten unter Euch habe ich hier genau das Richtige: Testet Euer Können in den Karts und zeigt, wie schnell Ihr die Strecken bezwingen könnt. Bevor Ihr Euch hinter das Lenkrad klemmen dürft, bekommt Ihr eine ausführliche Einweisung, denn die Sicherheit ist hier sehr wichtig.

Wusstest du schon ...

... dass der erfolgreichste Formel-1-Pilot der Geschichte - Michael Schumacher - seine Karriere mit Kartfahren begonnen hat?

Natürlich kann hier auf der Strecke nicht jeder so fahren, wie er es gerne hätte. Die Regeln müssen eingehalten werden, nur so dürft Ihr Euch dann heiße Rennen liefern. Eingepackt in Rennoverall, Handschuhe und mit einem Helm kann es dann losgehen.

Achtung! Für die kleinen Rennfahrer unter Euch: Die Kinder-Karts dürft Ihr ab acht Jahren fahren, wenn Ihr mindestens 125 cm groß seid.

Wer fährt als erstes durch die Ziellinie? Wer hat die beste Zeit?

Adresse: Cuxhavener Straße 31 · 28217 Bremen
Telefon: 0421 / 385044
Internet: www.bb-kart.de
Geöffnet: Mo-Do: 15:00 bis 23:00 Uhr
Fr: 15:00 bis 24:00 Uhr / Sa: 10:00 bis 24:00 Uhr
So: 10:00 bis 22:00 Uhr
Feiertage: 10:00 bis 23:00 Uhr

BOWLING

Strike, Spare, Split - was hat das denn zu bedeuten? Über diese Begriffe bin ich auf der Bowlingbahn gestolpert. Seid Ihr auch neugierig?

Dann lasst mich von vorne anfangen! Dass man beim Bowling eine Kugel wirft, um am Ende der Bahn möglichst viele Pins zu treffen, das wusste ich schon vorher. Aber wie stelle ich das am besten an und worauf muss ich besonders achten?

Bowlen ist ähnlich wie Kegeln, falls Ihr das schon einmal gemacht habt. Ein Unterschied ist, dass die Kugeln beim Bowling drei Löcher haben. Hier wird der Daumen, der Mittel- und der Ringfinger üblicherweise hineingesteckt, um die Kugel besser halten zu können. Da die Kugeln alle unterschiedlich groß und schwer sind, ist bestimmt für jeden Mitspieler eine dabei.

Das Ziel des Spiels ist es, mit maximal zwei Würfen alle Pins (das sind die Kegel am Ende der Bahn) abzuräumen. Hierfür solltet Ihr Euch vor dem Spiel die passende Kugel aussuchen. Achtet darauf, dass Eure Finger nicht zu eng in den Kugellöchern sitzen und nehmt nicht die schwerste, so wie ich es anfänglich gemacht habe. Ich sage Euch, dann fliegt Ihr fast aus Euren Schuhen, sobald Ihr die Kugel auf die Bahn werft.

Nehmt am besten drei bis vier Schritte Anlauf und geht leicht in die Knie. Dann schwingt Ihr die Kugel auf die Bahn. Vergesst ja nicht, Eure Finger aus der Kugel zu ziehen, sonst kann das böse enden!

Wenn Ihr Glück habt, schafft Ihr es beim ersten Wurf, alle Pins umzuhauen. Dann dürft Ihr „Strike" rufen. Solltet Ihr bei dem ersten Versuch noch nicht alle Pins getroffen haben, sondern erst beim zweiten, so nennt man das „Spare".

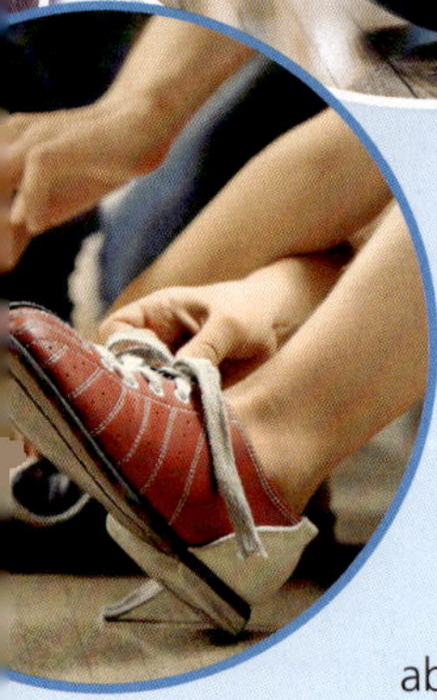

Beim „Split" bleiben links und rechts Pins stehen und man hat mit der Kugel alle Pins in der Mitte abgeräumt. Das sieht so aus, als hätte man einen Tunnel geworfen.

Schummeln, so wie ich es bei einem Split versucht habe, ist übrigens nicht erlaubt. Die Bahnen dürfen von allen Spielern nur bis zur Linie betreten werden. Ups!

WUSSTEST DU SCHON ...

... dass bereits die alten Ägypter eine Art Bowling spielten?

Strikee's Findorff
Adresse: Plantage 5 · 28215 Bremen
Telefon: 0421 / 351040
Internet: www.strikees.de/findorff
Geöffnet: Mo-Fr: ab 14:00 Uhr / Sa: ab 10:00 Uhr
So, Feiertage: ab 9:00 Uhr

Strikee's Weserpark
Adresse: Hans-Bredow-Strasse 9 · 28307 Bremen
Telefon: 0421 / 40943430
Internet: www.strikees.de/weserpark
Geöffnet: Mo-Fr: ab 14:00 Uhr
Sa-So, Feiertage: ab 9:00 Uhr

Kino

Große Leinwände, plüschige und gemütliche Sessel, dazu einen großen Eimer Popcorn: In den verschiedenen Kinos in Bremen ist das möglich.

Alle aktuellen Filme für jedes Alter und jeden Geschmack werden hier gezeigt. Ich schaue am liebsten Filme in 3D! Was gefällt Euch am besten?

Atlantis Filmtheater
Adresse: Böttcherstraße 4 · Haus des Glockenspiels
28195 Bremen
Telefon: 0421 / 62012333 (Kartenreservierungen)
Internet: www.bremerfilmkunsttheater.de/site/Atlantis.html

Cinema im Ostertor
Adresse: Ostertorsteinweg 105 · 28203 Bremen
Telefon: 0421 / 700914
Internet: www.cinema-ostertor.de

Für alle Kinos gilt:
siehe Homepage für das Kinoprogramm (bei einigen auch zum Download)

CineMaxx
Adresse: Breitenweg 27 · 28195 Bremen
Telefon: 040 / 80806969
Internet: www.cinemaxx.de

CineStar
Adresse: Hans-Bredow-Straße 9 · 28307 Bremen
Telefon: 0451 / 7030200
Internet: www.cinestar.de

CineSpace
Adresse: AG-Weser-Straße 1 · 28237 Bremen
Telefon: 0421 / 500990
Internet: www.cinespace.de

City 46 Kommunalkino
Adresse: Birkenstraße 1 · 28195 Bremen
Telefon: 0421 / 95799290
Internet: www.city46.de

Schauburg
Adresse: Vor dem Steintor 114 · 28203 Bremen
Telefon: 0421 / 62012333 (Kartenreservierungen)
Internet: www.bremerfilmkunsttheater.de/
site/Schauburg.html

KARLA

Miau Miau und Tach auch! Euch interessieren spannende Geschichten und alte Legenden? Ihr tigert genauso gerne wie ich durch Museen? Entdecken, Erkunden und Erforschen zählen zu Euren Hobbys? Dann habe ich genau das Richtige für Euch! Wir machen uns gemeinsam auf eine Wissensreise durch Bremen. Ich verspreche Euch, es wird nicht langweilig, und bin mir sicher, danach könnt Ihr auch den Erwachsenen noch so einiges erzählen, was sie vorher nicht wussten!

Das finde ich gut: *Alte Autos, Quizspiele, Hörbücher*

Meine Lieblingsfarbe: *Karminrot*

Mein Leibgericht: *Fischbrötchen*

Was ich gut kann: *Zuhören, schmusen, neugierig sein*

Meine Hobbys: *Lesen, im Warmen kuscheln, Mäuse jagen*

Übersee-Museum

Ni hao und miau - Das heißt „Hallo" auf chinesisch. Hups, das „miau" ist mir mit rausgerutscht.

Begleitet mich auf eine Reise in das ferne Asien, das große und weitläufige Amerika, in das bunte Afrika bis ganz nach Ozeanien auf die andere Seite der Welt.

WUSSTEST DU SCHON ...

... dass das Übersee-Museum im 2. Weltkrieg von einer Bombe beschädigt wurde, die den ersten Lichthof zerstörte. Mit diesem Totalschaden war das Museum nicht mehr nutzbar und musste entsprechend wieder aufgebaut werden.

Dafür müssen wir noch nicht einmal die wunderschöne Hansestadt verlassen, denn diese Kontinente befinden sich im Übersee-Museum Bremen.

Schon seit mehr als 100 Jahren begeistert das Übersee-Museum große und kleine Besucher und zeigt die Vielfalt unserer Welt.

Hier gibt es einzigartige Sammlungen von verschiedenen Völkern und viele spannende Stücke aus der Natur. Wisst Ihr, was jeden Kontinent so einzigartig macht? Hier könnt Ihr es herausfinden! In Ozeanien erwartet Euch eine schillernde Unterwasserwelt mit traumhaften Inseln und bunten Korallenriffen.

Aber gibt es dort auch noch mehr als das Meer? Was war oder ist eigentlich die Seidenstraße und wie sehen Städte in Asien aus? Und überhaupt, seid Ihr Menschen überall auf der Welt gleich oder wie unterscheidet Ihr Euch? Probiert Euch an verschiedenen Stationen aus und lernt die Welt von einer neuen Seite kennen.

Ich versuche mal rauszufinden, was die Katzen in Asien gerne essen!

Adresse: Bahnhofsplatz 13 · 28195 Bremen
Telefon: 0421 / 160 380
Internet: www.uebersee-museum.de
Geöffnet: Di-Fr: 09:00 bis 18:00 Uhr
Sa-So: 10:00 bis 18:00 Uhr
Feiertage: siehe Homepage

WOHNINVEST WESERSTADION & WUSEUM

Ihr fragt Euch sicher, warum ich heute in grün-weiß gekleidet bin, obwohl meine Lieblingsfarbe doch rot ist.

Ich befinde mich beim SV Werder Bremen, dessen Vereinsfarben Grün und Weiß sind. Ausgestattet mit meinem Fan-Schal und meiner Werder-Fahne habe ich das wohninvest WESERSTADION und das vereinseigene Museum - das WUSEUM - besucht.

Platz für 42.100 Zuschauer

Vielleicht habt Ihr Euch schon einmal gefragt, wie es beim SV Werder Bremen hinter den Kulissen aussieht. Woher kommt eigentlich der Name „Werder"? Wo finden die Pressekonferenzen statt? Wo ziehen sich die Gastspieler um? Wie lang ist eigentlich der Spielertunnel?

Bei einer Stadionführung mit anschließendem Besuch im Werder Museum könnt Ihr all das spielerisch herausfinden. Hier erfahrt Ihr alles über die Geschichte des Vereins und des Stadions.

Wusstet Ihr zum Beispiel, dass der Verein von 16-jährigen Schülern gegründet wurde?

WUSSTEST DU SCHON …

… dass das wohninvest WESERSTADION seinen eigenen Strom mit Sonnenkraft produziert?

Im Inneren des Stadions ist es auf jeden Fall ziemlich aufregend. Man kennt es ja sonst nur aus dem Fernsehen. Vielleicht läuft Euch ja auch ein Werderprofi über den Weg.

Wenn Ihr Eure Fußballidole ganz sicher hautnah erleben möchtet, solltet Ihr Euch den „Tach der Fans" nicht entgehen lassen. Wann dieser stattfindet und was Ihr dort alles erleben könnt, erfahrt Ihr auf der Werder-Homepage. Noch mehr Fußballatmosphäre erwartet Euch im WUSEUM. Hier könnt Ihr Euch auf eine grün-weiße Zeitreise begeben. Diese ist definitiv ein MUSS für jeden Werderfan. Angefangen im Gründungsjahr 1899 bis heute sind alle Erfolge, kleine Geschichten und sogar die Meisterschale und der DFB-Pokal zu sehen.

Also liebe Fußballfans: Werderschal einpacken und Fangesänge üben!

Adresse: Franz-Böhmert-Straße 1c · 28205 Bremen
Telefon: 0421 / 434590
Internet: www.werder.de
Geöffnet: Wuseum: Di-Fr: 12:00 bis 17:00 Uhr
Sa-So u. Feiertage: 12:00 bis 15:00 Uhr
(bitte Winterpausen und gesonderte Öffnungszeiten in der Wintersaison und an Heimspieltagen beachten)
Stadionführungen: siehe Homepage

UNIVERSUM BREMEN

Neugierig, was es mit diesem großen, silbernen Gebäude auf sich hat, das so aussieht wie ein Wal? Ich habe das mal genauer unter die Lupe genommen und war hellauf begeistert, was sich dahinter verbirgt.

Hier befindet sich nämlich das Universum Bremen, ein Wissenschaftszentrum zum selber Entdecken, Anfassen und Mitmachen.

Im Inneren der Dauerausstellung könnt Ihr drei große Themenbereiche erleben: Technik, Mensch und Natur. Hier könnt Ihr Blitze selbst erzeugen, einen Lügendetektor austesten und probieren, wie es sich in einem schiefen Raum anfühlt. Bestaunt Quallen, Schildkröten und Glanzkäfer aus nächster Nähe. Beim Eintauchen in die Welt der Wissenschaft könnt Ihr rund 250 Stationen selbst anfassen, ausprobieren und auf eigene Faust erforschen. In regelmäßig wechselnden Sonderausstellungen entdeckt Ihr immer wieder interessante und spannende Themen.

Ihr könnt Euch aber auch in dem großen Außenbereich des Universums austoben. Hier werden verschiedene Landschaftselemente und 25 Mitmachstationen zum Thema Bewegung geboten. Es kann mit Wasser experimentiert oder der Turm der Lüfte erklommen werden.

WUSSTEST DU SCHON ...

... dass 40.000 Schindeln aus Edelstahl die Außenhülle des Universum-Wals verzieren?

Also worauf wartet Ihr noch?
Kommt und entdeckt mit mir das Universum! Hier gibt es wirklich für jede Altersgruppe etwas zu staunen.

Ich lasse mich gerade im Erdbebenzimmer kräftig durchschütteln. Was testet Ihr als Erstes?

Adresse: Wiener Straße 1a · 28359 Bremen
Telefon: 0421 / 33460
Internet: www.universum-bremen.de
Geöffnet: Mo-Fr: 09:00 bis 18:00 Uhr
Sa-So, Feiertage: 10:00 bis 18:00 Uhr

Focke-Museum & Mühle Oberneuland

Ich liebe Geschichten, alte Schätze, Geheimnisse und Besonderes! Und das Bremer Focke-Museum ist voll davon! Hier findet Ihr viele spannende Stücke, die Euch in die Vergangenheit Bremens eintauchen lassen.

Lernt Spielzeuge aus vergangenen Jahrhunderten kennen. Waren Teddybären, Autos und Puppen auch vor 100 Jahren schon beliebt? Hatten die Kinder während des Krieges Spielzeug? Und gab es damals schon so viel Spielzeug in den Kinderzimmern wie heute?

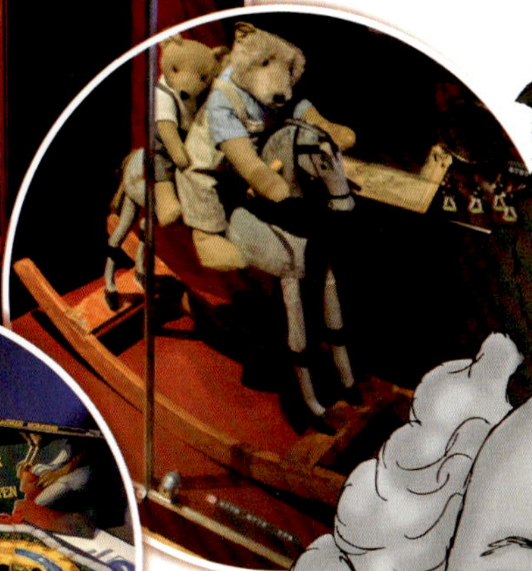

Wusstest du schon …

… dass sich im Focke-Museum der Originalkopf des Bremer Rolands befindet, um diesen vor Witterung zu schützen?

Im Schaumagazin werdet Ihr Euch wie in einer echten Schatzkammer fühlen. Hier gibt es allerhand zu entdecken - von längst vergessenen Alltagsgeständen wie Küchengeräten, Kinderwagen und Kleidung bis hin zu einzigartigen Modellstücken, Bildern, Statuen und Masken. Jedes Objekt hat seine ganz eigene Geschichte und mit Eurem persönlichen Mediaguide könnt Ihr Euch diese erzählen lassen.

In einem alten Bauernhaus könnt Ihr erleben, wie die Menschen früher auf dem Land gelebt haben. Wie sah der Alltag da wohl aus? Wo wir gerade dabei sind: Kennt Ihr übrigens schon die Mühle in Oberneuland? Hier könnt Ihr sehen, wie früher Getreide zu Mehl gemahlen wurde und was Windmühlen mit Brot zu tun haben.

Adresse: Mühlenweg 34 · 28355 Bremen
Öffnungszeiten: So: 10:00 bis 17:00 Uhr

Am meisten begeistert hat mich in der Ausstellung ein echter Seenotkreuzer! Ja, in diesem Museum steht ein Schiff! Verrückt, oder? Die Paul Denker, so heißt das Schiff, hat bis in das Jahr 2005 auf der Ostsee über 1000 Menschen aus Seenot gerettet. Natürlich könnt Ihr den Kreuzer aus nächster Nähe bestaunen und sogar an Bord gehen. Ist das nicht klasse? Ahoi, Ihr Matrosen!

Ihr seht, es gibt hier wirklich eine Menge zu bestaunen! Seid Ihr bereit für ein paar Abenteuer in einer vergangenen Zeit?

Adresse: Schwachhauser Heerstraße 240
28213 Bremen
Telefon: 0421 / 6996000
Internet: www.focke-museum.de
Geöffnet: Di: 10:00 bis 21:00 Uhr
Mi-Sa: 10:00 bis 17:00 Uhr
So: 10:00 bis 18:00 Uhr

BREMEN AIRPORT HANS KOSCHNICK

Karla an Tower! Karla an Tower! Hört Ihr mich? Ich befinde mich direkt am Bremer Flughafen und möchte Euch auf eine Erkundungstour mitnehmen. Seid Ihr bereit?

Der Bremer Flughafen wurde 1913 erbaut und ist somit schon über 100 Jahre alt. Seitdem ist er ein wichtiger Standort für die Luft- und Raumfahrt in Europa. Hier fliegen 14 verschiedene Airlines ab, in über 30 verschiedene Ziele in Europa und Nordafrika.

WUSSTEST DU SCHON ...

... dass der Bremer Henrich Focke der Erfinder des Hubschraubers ist? 1936 stieg sein Hubschrauber das erste Mal senkrecht und ohne Hilfsmittel auf.

Seid Ihr auch schon einmal vom Bremer Flughafen abgeflogen? Wolltet Ihr auch schon immer einmal Flugzeuge beim Starten und Landen beobachten und Euch das Geschehen auf dem Rollfeld näher anschauen? Auf der großen Besucherterrasse oberhalb der Start- und Landebahn ist das möglich.

Natürlich könnt Ihr aber auch an einer Flughafenführung teilnehmen. Für alle abenteuerlustigen Kinder und Flughafenbegeisterten, wie ich es bin, gibt es spezielle Führungen rund um den Bremer Flughafen.

Bei der Tour lernt Ihr den Flughafen näher kennen und habt sogar die Möglichkeit, die Flughafenfeuerwehr zu besuchen. Hier entdeckt Ihr Bereiche, die den Reisenden normalerweise verborgen bleiben. Ist das nicht cool?

Ich melde mich ab. **Over and Out.** Eure Karla.

Adresse: Flughafenallee 20 · 28199 Bremen
Telefon: 0421 / 55950
Internet: www.bremen-airport.com
Geöffnet: Kinderführungen jeden 2. und 4. Sonntag im Monat um 16:00 Uhr
rechtzeitige Anmeldung erforderlich

KUNSTHALLE BREMEN

Die Kunst darf in der Hansestadt nicht zu kurz kommen und daher habe ich mir mal die Kunsthalle Bremen angesehen. Hier gibt es wirklich allerhand zu sehen! Begebt Euch auf eine bunte und spannende Reise in die Welt der Kunst.

Hier entdeckt Ihr die Werke von großen Künstlern wie Vincent van Gogh und Claude Monet. Es gibt aber auch viele verschiedene Ausstellungen, die nach einem gewissen Zeitraum wechseln. Wusstet Ihr, dass es auch extra Audioguides für Kinder gibt? So könnt Ihr Euch die Geschichten hinter den Ausstellungen ganz einfach anhören.

Jeden zweiten Samstag im Monat (außer in den Ferien) von 11:30 bis 13:00 Uhr habt Ihr die Möglichkeit, selbst zu Künstlerinnen und Künstlern zu werden. Dann findet in der Kunsthalle nämlich der Kindersamstag statt, an dem Ihr Euch auf eine Entdeckungstour durch die Ausstellung macht und anschließend selbst kreativ werden könnt.

WUSSTEST DU SCHON …

… dass Lila einst die teuerste Farbe der Welt war? Um ein Pfund violettes Pigment herstellen zu können, benötigte man bis zu 4 Millionen Muscheln. Dies machte die Farbe so teuer, dass sie selbst bei Kaisern und Königen nur für kleine Details am Rand von Gewändern oder Bildern reichte.

Die Kunsthalle bietet Euch aber auch noch viele weitere Möglichkeiten, Euch künstlerisch auszutoben. An ausgewählten Terminen könnt Ihr selbst Bilder auf die Leinwand zaubern, Skulpturen herstellen und am Ende sogar Eure eigene Ausstellung präsentieren. **Klingt das nicht toll?**

Jeden letzten Samstag im Monat von 12:00 bis 15:00 Uhr könnt Ihr mit Anmeldung am Kunstworkshop „Kekse, Kunst und Limonade" für Kinder ab 6 Jahren teilnehmen. Der Tisch ist gedeckt: Und nicht nur Kekse und Limonade versüßen den Nachmittag. Mit bunter Pastellkreide, borstigen Pinseln und klebrigem Bastelleim könnt Ihr eigene Kunstwerke herstellen.

An den Familientagen erwartet Euch ein besonders spannendes Programm. Von Vorleseaktionen über Tanz und Musik bis zu Familienführungen ist alles mit dabei. Das solltet Ihr Euch auf keinen Fall entgehen lassen!

Ich finde, wir vier würden uns auch hervorragend auf einer Leinwand machen. Was meint Ihr? Vielleicht hängen wir dann ja auch irgendwann mal in der Kunsthalle!

Adresse: Am Wall 207 · 28195 Bremen
Telefon: 0421 / 329080
Internet: www.kunsthalle-bremen.de
Geöffnet: siehe Homepage

Bremer Geschichtenhaus

Wer glaubt, dass alte Geschichten immer nur in verstaubten Büchern vorkommen, der war ganz sicher noch nicht im Bremer Geschichtenhaus.

Hier erlebt Ihr die Vergangenheit hautnah und mit all Euren Sinnen. Und ja, mitmachen ist ausdrücklich erwünscht! Ihr trefft dort berühmte Bremer Persönlichkeiten wie Heini Holtenbeen, Fisch-Lucie oder Gesche Gottfried. Warum sind diese Personen denn überhaupt so bekannt? Kennt Ihr auch die Schmuggeltricks des Böttchermeisters? Lasst sie Euch von ihnen selbst erzählen und zeigen.

Und wisst Ihr, was das Beste ist? Wenn Ihr Fragen habt, dann fragt sie einfach!

WUSSTEST DU SCHON …

… dass die Menschen Geschichten erzählt haben, um ihr gesammeltes Wissen an nachfolgende Generationen weiterzugeben?

Die Geschichten, die Ihr im Bremer Geschichtenhaus erlebt, reichen bis in die Mitte des 17. Jahrhunderts zurück. Das ist ganz schön lange her. Da waren wir alle noch gar nicht auf der Welt.

Gespannt habe ich den Erzählungen gelauscht, mir die Umgebung angeschaut und meine Nase in die Luft gehalten. Habe ich da etwa gerösteten Kaffee gerochen?

Ich wünsche Euch viel Spaß bei Eurer Reise in die Vergangenheit!

Adresse: Wüstestätte 10 · 28195 Bremen
Telefon: 0421 / 3362651
Internet: www.bremer-geschichtenhaus.de
Geöffnet: Mo: 12:00 bis 18:00 Uhr
Di-So: 11:00 bis 18:00 Uhr

Bremer Schnack mit Karla

Die Bremer benutzen ja manchmal ziemlich seltsame Worte oder Redewendungen. Ist Euch das auch schon aufgefallen? Ein paar davon habe ich mal aufgeschrieben. Kennt Ihr die richtigen Bedeutungen?

Tragt einfach bei den Bildern die Zahl aus der entsprechenden Sprechblase ein und guckt am Ende auf den Lösungsseiten, ob Ihr richtig liegt.

Und wie viele habt Ihr richtig zugeordnet?

1 Schietwedder

2 Tüdelkram

3 Plören

4 Pampuschen

5 Bonschen

6 Babbel

7 Klönen

8 Büx

9 Flunsch

10 Glitschen

11 Feudel

Hafenmuseum Speicher XI

Mitten in der Bremer Überseestadt bin ich heute im Speicher XI (elf) unterwegs, genauer gesagt im Hafenmuseum. Gar nicht so weit weg vom Schuppen Eins übrigens, den Ihr vielleicht schon besucht habt. Speicher, Schuppen… gibt es da eigentlich einen Unterschied? Ja, den gab es damals tatsächlich und das habe ich hier im Museum rausgefunden. Seid ihr auch neugierig? Dann solltet Ihr Euch dort einmal genauer umsehen.

Im Hafenmuseum erlebt Ihr 120 Jahre Hafengeschichte in Bremen. Ihr könnt selbst die Waren testen, riechen und ertasten und mal ausprobieren, wie schwer die Warensäcke damals waren und welche Geräte geholfen haben, diese zu transportieren, zu lagern oder zu wiegen.

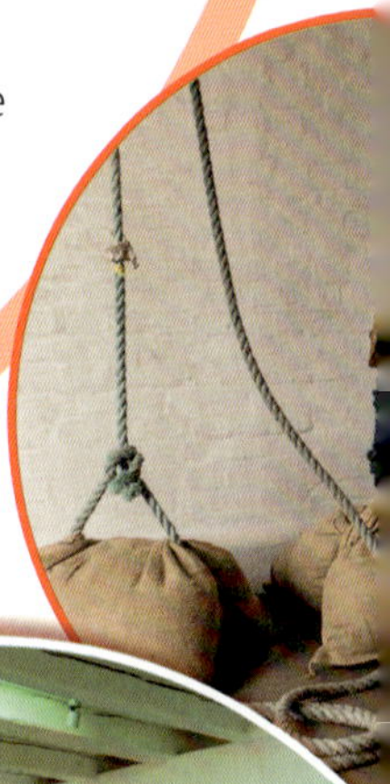

Besonders toll fand ich es, Bremen von oben zu entdecken. Auf einem begehbaren Fußbodenmodell könnt Ihr Euch die Bremer Innenstadt bis hin zu den Industriehäfen aus der Vogelperspektive anschauen. **Ist das nicht cool?**

Das Museum hat für Euch Kinder einen extra Audioguide, der Euch durch viele Bereiche des Museums führt und Euch spannende Geschichten erzählt.

WUSSTEST DU SCHON ...

... dass Bremen insgesamt viermal Mitglied der Hanse war und wieder ausgeschlossen wurde?

Mein Tipp für Euch:

Nehmt an einer der Familienführungen teil! Hier geht Ihr mit Fiete Hansen, einem redelustigen Hafenarbeiter, auf große Entdeckungstour. Aber aufgepasst! Hier muss mitgemacht und angepackt werden!

Ja, und was soll ich sagen? Als Katze hat mir die Mäuserallye natürlich auch viel Spaß gemacht. Fragt einfach an der Kasse nach dem Fragebogen und sucht im Museum nach den versteckten Mäusen. Ich bin gespannt, ob Ihr alle finden werdet, denn manche sind wirklich schwer zu entdecken.

Adresse: Am Speicher XI 1 · 28217 Bremen
Telefon: 0421 / 3038279
Internet: www.hafenmuseum-speicherelf.de
Geöffnet: Di-So: 11:00 bis 18:00 Uhr

Schulschiff Deutschland

Ihr entdeckt mich heute auf dem Schulschiff Deutschland und ich glaube, aus mir wäre keine gute Seefahrerin geworden. Ich bin völlig vertüdelt in den ganzen Tauen...

Warum ich überhaupt auf einem Schiff bin? Nun ja, es handelt sich nicht nur um ein einfaches Segelschiff, sondern um das Schulschiff Deutschland, welches fast 100 Jahre alt ist. Heute kann es als Museumsschiff besucht werden und das hat mich natürlich neugierig gemacht.

Wisst Ihr auch, was das Besondere an genau diesem Segelschiff ist? Es ist das einzig erhaltene Vollschiff und zugleich Segelschulschiff der deutschen Handelsschifffahrt. Unter einem Vollschiff versteht man einen Großsegler mit mindestens drei Masten, welche alle mit Rahsegeln (rechteckige oder trapezförmige Segel) bestückt sind. Das findet man heute nicht mehr so oft.

1927 wurde das Schulschiff Deutschland das erste Mal zu Wasser gelassen. Seitdem hat es viel von der Welt und ihrer Geschichte gesehen.

Bis nach Südamerika ist es gekommen und das nur mit dem Antrieb des Windes. Schade, dass Schiffe nicht sprechen können, sonst hätte dieses eine ganze Menge zu erzählen.

Dafür kann man es heute in Bremen-Vegesack besichtigen und an Bord noch vieles über die vergangenen Zeiten erfahren. Zum Beispiel, wie das Leben an Bord war und welche Reisen es unternommen hat. Das Schulschiff Deutschland wurde nur für die Ausbildung des Nachwuchses für Großsegler gebaut. Je nach Ausbildungsfahrt waren circa 140 Schiffsjungen mit an Bord. Mit ihnen segelten acht Offiziere, zehn Unteroffiziere und sechs Matrosen.

Könnt Ihr Euch vorstellen, dass so viele Menschen hier draufgepasst haben?

WUSSTEST DU SCHON …

… dass unter dem Seefahrer Ferdinand Magellan und dem Entdecker Juan Sebastian Elcano die erste Weltumsegelung im 16. Jahrhundert stattfand?

Adresse: Zum Alten Speicher 15 · 28759 Bremen
Telefon: 0421 / 6587373
Internet: www. schulschiff-deutschland.de
Geöffnet: Mo-Fr: 10:00 bis 18:00 Uhr

Schuppen Eins

Knatternde Motoren, der Geruch nach Benzin und glänzende Motorhauben - ich bin im PS-Himmel angekommen. Der Schuppen Eins in der Überseestadt ist das Zuhause von vielen Oldtimern und das habe ich mir mal näher angeschaut.

In dem ehemaligen Lagerschuppen am Europahafen in der Bremer Überseestadt wurden früher Güter und Waren umgeschlagen und verladen. Heute könnt Ihr hier sowohl Hafen- als auch Oldtimerluft schnuppern.

Ihr könnt den langen Gang des Schuppens entlang schlendern, einen Blick in die verschiedenen Werkstätten werfen und den Händlern bei der Arbeit zuschauen.

WUSSTEST DU SCHON ...

... dass ein Fahrzeug nach 30 Jahren offiziell als Oldtimer gilt?

Ihr könnt mich ja mal suchen!

Vielleicht findet Ihr mich zwischen den tollen Autos.

Adresse: Konsul-Smidt-Straße 20 · 28217 Bremen
Telefon: 0421 / 36519158
Internet: www. schuppeneins.de
Geöffnet: Mo-Fr: 8:00 bis 19:00 Uhr
Sa, So: 10:00 bis 19:00 Uhr

DAS BREMER STRAßENBAHNMUSEUM

Habt Ihr Euch schon einmal gefragt, wo der Unterschied zwischen einer Straßenbahn und einem Zug ist? Schließlich sehen diese doch sehr ähnlich aus. Ich sag's Euch: Die Straßenbahn wird elektrisch angetrieben und fährt überwiegend im Straßenraum. Sie ist sogar mit Blinkern und Bremslichtern ausgestattet. Ein Zug dagegen kann nicht blinken und fährt auch nicht in der Stadt. Wo ich das herausgefunden habe? Hier im Bremer Straßenbahnmuseum.

Aber das ist nicht alles, was Ihr hier über die Straßenbahn lernen könnt. Es gibt jede Menge spannende Fakten über die Geschichte der Bremer Straßenbahnen. Ihr erfahrt, wozu das „A" auf den Ampeln der Straßenbahnen steht und wie der Fahrer sieht, ob die Weichen in die richtige Richtung zeigen.

WUSSTEST DU SCHON ...

... dass Straßenbahnen früher von Pferden gezogen wurden?

Habt Ihr Euch mal gefragt, wie und wo man früher die Fahrscheine gekauft hat und wie sie entwertet wurden? Wie wird man eigentlich Straßenbahnfahrer? Gibt es eine Fahrschule dafür? Das alles versuche ich heute mal rauszufinden.

Was hier im Museum natürlich auch nicht fehlen darf, sind die alten Straßenbahnen von früher. Manche von ihnen sind schon über 100 Jahre alt. Hier könnt Ihr Bahnen aus unterschiedlichen Jahrzehnten bestaunen und betreten. Ich werde mir diese jetzt auch mal von innen anschauen. Ach übrigens, hier ist das Einsteigen und Verweilen in den Bahnen auch ohne Ticket erlaubt!

Mein Tipp:
Unternehmt doch mal eine Stadtrundfahrt in einer der alten Bahnen! Wann, wo und wie diese stattfindet, erfahrt Ihr auf der Internetseite der Freunde der Bremer Straßenbahn e.V.!

Adresse: Schloßparkstraße 45 · 28309 Bremen
Telefon: 0421 / 55967642
Internet: www.fdbs.net
Geöffnet: Siehe Homepage für Öffnungstage: 11:00 bis 17:00 Uhr

Schulmuseum Bremen

„In der Schule lernt man fürs Leben", den Satz habt Ihr bestimmt schon mal Eure Eltern, Lehrer oder Großeltern sagen hören. Ja, in der Schule lernt Ihr vieles fürs Leben, zum Beispiel Lesen, Schreiben und Rechnen. Aber war das eigentlich immer so und waren die Schulfächer immer gleich? Haben Eure Eltern oder Großeltern es genauso gelernt, wie Ihr es heute tut?

Findet es hier im Bremer Schulmuseum heraus und fragt dann doch mal in Eurer Familie nach. Ihr werdet schmunzeln, wie ähnlich vieles ist und war und was sich doch alles im Laufe der Zeit verändert hat.

Hier müsst Ihr nicht die Schulbank drücken, sondern könnt Euch den Wandel der Bremer Schulgeschichte seit 1900 anschauen.

Wie sind die Kinder im Krieg zur Schule gegangen und wie haben sich die Schulen danach verändert? Was für Kleidung haben die Kinder damals getragen und wie sahen die Klassenräume aus? Könnt Ihr Euch vorstellen, wie die Schule in der Zukunft aussehen könnte?

Wenn Ihr heute in die Schule geht, wisst Ihr, dass Ihr in Eure Schreibhefte schreiben könnt. Früher haben die Kinder auf Schiefertafeln geschrieben, so wie ich sie nun vor mir liegen habe. Wenn nicht ordentlich geschrieben wurde, kam der Lehrer mit einem Rohrstock und hat einem auch mal auf die Pfoten, äh, Finger gehauen. Autsch! Sowas gibt es heute zum Glück nicht mehr!

Ich wische jetzt mal die Tafel wieder sauber und schau mir das nächste Klassenzimmer an!

WUSSTEST DU SCHON ...

... dass Mädchen und Jungs früher zum Teil unterschiedliche Unterrichtsfächer hatten?

Adresse: Auf der Hohwisch 61-63 · 28207 Bremen
Telefon: 0421 / 6962330
Internet: www. schulmuseum-bremen.de
Geöffnet: Mo-Di, Fr: 9:00 bis 14:00 Uhr
Mi-Do: 9:00 bis 16:00 Uhr

BREMER RUNDFUNKMUSEUM

Na, wann hört Ihr Radio? Bei Euren Eltern im Auto, im Kinderzimmer oder doch wann ganz anders? Ich höre es heute direkt im Bremer Rundfunkmuseum.

Seit 1978 gibt es dieses schon und es zeigt heute über 700 Ausstellungsstücke aus acht Jahrzehnten. In einem nachgestellten Wohnzimmer sowie im historischen Radio Bremen Hörfunkstudio könnt Ihr Euch in die Zeit der 1950er-Jahre zurückversetzen lassen.

Von Autoradios bis zum Seefunk könnt Ihr hier erleben, welche Entwicklung der Rundfunk seit seiner Entstehung in den 1920ern gemacht hat.

Auch heute ist das Radio noch überaus beliebt! Über 60 Millionen Deutsche hören täglich Radio. Das sind ganz schön viele, wenn man bedenkt, dass in Deutschland nur etwa 82 Millionen Menschen leben. Was meint Ihr, wie viele Radiosender es wohl in unserem Land gibt?

Ich sag's Euch: 449.

Ob zum Musikhören, Nachrichten verfolgen, Veranstaltungen miterleben oder um sich bei Hörspielen unterhalten zu lassen, die vielen Radiosender bieten allerhand Programm!

WUSSTEST DU SCHON …

… dass am 13. Februar Welt-Radio-Tag ist?

Ich bin wirklich fasziniert von diesen vielen, alten Geräten in den verschiedensten Formen und Größen. Es würde mich brennend interessieren, ob diese auch heute noch funktionieren. Aber ich fasse besser nichts an, bevor ich noch etwas kaputt mache!

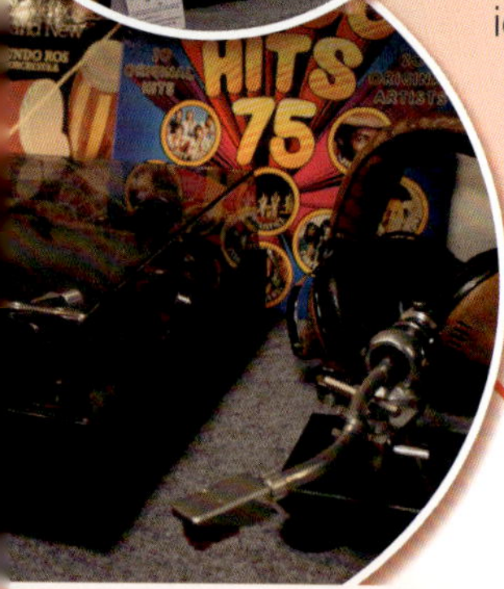

Wie ist es mit Euch? Seid Ihr neugierig geworden, was es hier sonst noch so zu entdecken gibt? Dann schaut doch einfach mal rein!

Adresse: Findorffstraße 22-24 · 28215 Bremen
Telefon: 0421 / 357406
Internet: www.bremer-rundfunkmuseum.de
Geöffnet: Di-Do, So: 10:00 bis 15:00 Uhr
an Feiertagen geschlossen

Papageienschutz-Centrum Bremen e.V.

Wusstet Ihr, dass Papageien zu den intelligentesten Vögeln der Welt gehören? Deswegen haben sie auch hohe Ansprüche, um ein glückliches Leben zu führen. Leider können manche Papageienhalter diese Ansprüche nicht erfüllen. Ihren Papageien geht es dann schlecht.

Einige dieser Tiere kommen dann ins Papageienschutz-Centrum Bremen, wenn ein Platz für sie frei ist. Dann dürfen sie hier für immer bleiben und wieder fit und glücklich werden.

Hierfür gibt es ein Fluggehege mit zwei großen Hallen, in denen sich die Tiere frei bewegen können. Ihr müsst wissen, Papageien sind keine Einzelgänger. Sie brauchen immer ihre Artgenossen, damit sie sich wohlfühlen. Auch das erleben sie hier, da sie mit den anderen Papageien zusammen im Fluggehege fliegen und leben dürfen.

Um den Tieren bei ihrer Heilung zu helfen, sind die Gehege der Natur, in der sie in freier Wildbahn leben würden, nachempfunden. Auch Krankenräume und eine Pflegestation gibt es hier.

An ausgewählten Terminen im Jahr ist es Euch erlaubt, Euch das Fluggehege anzuschauen. Hier erfahrt Ihr vieles über das Leben der Papageien, was sie am liebsten essen und was sie benötigen, um glücklich zu sein. Es wird aber auch auf das Leid hingewiesen, welches den Papageien in Gefangenschaft widerfährt.

WUSSTEST DU SCHON ...

... dass einige Papageien bis zu 100 Jahre alt werden können?

Guckt einfach mal auf der Internetseite, wann das Fluggehege seine Türen für Euch öffnet, und lernt die Welt dieser schönen und schlauen Tiere kennen!

Ein Besuch lohnt sich auf jeden Fall!

Ich gucke mal, wen ich vielleicht auf der Krankenstation aufmuntern kann.

Adresse: Salzburger Str. 2a · 28219 Bremen
Telefon: 0421 / 1630723
Internet: www.papageienschutz.de
Geöffnet: siehe Homepage

Wusstest du schon …

…dass bis auf Merkur und Venus alle Planeten in unserem Sonnensystem Monde haben? Spitzenreiter ist der Saturn mit 82 Monden.

Sterne gucken

Also dieser Himmelskörper sieht doch irgendwie aus wie ein leckerer Burger, findet Ihr nicht? Na gut, wahrscheinlich liegt das an meinem hungrigen Magen.

Aber trotzdem, viele unserer Sternenkonstellationen sind tatsächlich nach Geschichten, Personen, Tieren oder Gegenständen benannt. Was es mit ihnen auf sich hat, wieso sie so heißen, wann wir sie sehen können und wie sie entstanden sind, könnt ihr im Olbers-Planetarium erfahren.

Hier gibt es viele spannende Veranstaltungen und Programme, bei denen Ihr einiges über das Weltall lernen könnt. Wisst Ihr, wie man die Himmelsrichtungen (Norden, Osten, Süden, Westen) nur anhand der Sterne und ohne Kompass bestimmen kann? Was ist der Unterschied zwischen einem Stern und einem Planeten? Und was ist eigentlich eine Galaxie? Wenn Euch das auch interessiert, dann macht Euch auf den Weg ins Olbers-Planetarium.

Mein Tipp bei klaren Nächten: Fahrt doch auch mal bei gutem Wetter mit einem Erwachsenen ins Blockland oder die Wümmewiesen. Hier habt Ihr die Möglichkeit, den Sternenhimmel in der freien Natur zu sehen. Je weiter Ihr außerhalb des Stadtlebens und der Lichter seid, umso mehr Sterne könnt Ihr entdecken! Auch ohne Teleskop macht es Spaß, sich auf die Suche nach Sternenbildern und Planeten zu machen.

Ausgesprochen toll ist es natürlich, wenn es ein besonderes Phänomen zu beobachten gibt. Ich hatte das Glück und habe einen „Blutmond" über Bremen gesehen. Sieht der nicht klasse aus?

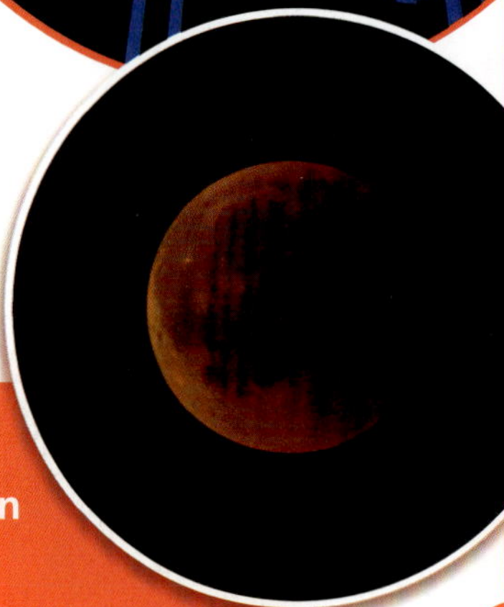

Adresse: Olbers-Planetarium
Werderstraße 73 · 28199 Bremen
Telefon: 0421 / 408899300
Internet: www.planetarium-bremen.de
Geöffnet: siehe Homepage für Veranstaltungen

Lange Nacht der Bremer Museen

Wenn Ihr von all den tollen Museen und Ausstellungen noch nicht genug habt oder mal rausfinden möchtet, was nachts in einem Museum passiert, dann solltet Ihr die Lange Nacht der Bremer Museen nicht verpassen.

Wusstest du schon ...

... dass das Smithonian Museum in Washington D.C. (USA) das größte Museum der Welt ist? Über 145 Millionen Ausstellungsstücke sind hier zu finden.

Einmal im Jahr habt Ihr die Möglichkeit, auch nach eigentlicher Schließung auf Entdeckungstour zu gehen. Von **18:00 Uhr bis 1:00 Uhr** nachts am Folgetag könnt Ihr in die bunte Museumswelt eintauchen.

Wenn Ihr Euch nicht entscheiden könnt, welches Museum Ihr Euch gerne anschauen möchtet, ist das gar kein Problem. Denn mit dem Ticket habt Ihr Zutritt zu allen teilnehmenden Museen und könnt dieses auch für Busse, Bahnen und spezielle Shuttles nutzen, um von einem Ort zum nächsten zu kommen.

Ich finde, das klingt total klasse und werde mir das auf keinen Fall entgehen lassen! Wie ist es mit Euch, habt Ihr auch Lust? Dann guckt auf der Internetseite **www.bremen.de**, wann die nächste Lange Nacht der Bremer Museen ist!

STADTFÜHRUNGEN

Bremen könnt Ihr auf so viele verschiedene Arten entdecken, aber besonders schön ist es doch, sich auch einfach mal ein bisschen was zeigen und erklären zu lassen, findet Ihr nicht? Bestimmt entdeckt Ihr dabei Orte und Geschichten, die Euch sonst vielleicht nicht aufgefallen wären. Lasst Euch eine Stadtführung nicht entgehen! Wir haben uns ebenfalls unter die Leute gemischt und uns Bremen mal von einer neuen Seite zeigen lassen. Eine kleine Auswahl findet Ihr hier! **Unser Tipp:** Schaut auf jeden Fall auf die jeweiligen Internetseiten der Anbieter. Dort gibt es noch viele weitere Touren!

Nachtwächter für Kinder - Innenstadt
Besonderheit: Abendlicher Rundgang durch Bremen mit einem Nachtwächter. Spannende Geschichten über das vergangene Alltagsleben der Bremer Bürger.
Anbieter: StattReisen Bremen e.V.
Telefon: 0421 / 4305656
Internet: www.stattreisen-bremen.de

Dreimal ist Bremer Recht - Innenstadt
Besonderheit: Eine Quiz-Führung durch Bremen mit ungewöhnlichen Fragen und Antworten.
Anbieter: Theater Interaktiwo
Telefon: 0421 / 70882160
Internet: www.theater-interaktiwo.de

Frühstücksfahrt - Weser, ab/bis Martinianleger an der Schlachte
Besonderheit: Während eines leckeren Frühstücks an Bord, könnt Ihr die vorbeiziehende Weserlandschaft genießen. Gegen eine Gebühr könnt Ihr ein Fahrrad mitnehmen und habt die Möglichkeit, in Vegesack auszusteigen.
Anbieter: Hal över Bremer Fahrgastschifffahrt GmbH
Telefon: 0421 / 338989
Internet: www.hal-oever.de

Hexen, Geister, dunkle Gassen - Innenstadt
Besonderheit: Achtung! Hier wird's gruselig! Erfahrt bei dieser Führung alles über die dunklen Seiten Bremens. Euch erwarten Geschichten über Mumien, Geister und Hexen.
Anbieter: Bremenlotsen
Telefon: 0421 / 40899505
Internet: www.bremen-lotsen.de

Alle Termine findet Ihr auf den angegebenen Internetseiten! Bitte denkt auch daran, Euch rechtzeitig für die jeweiligen Führungen anzumelden.

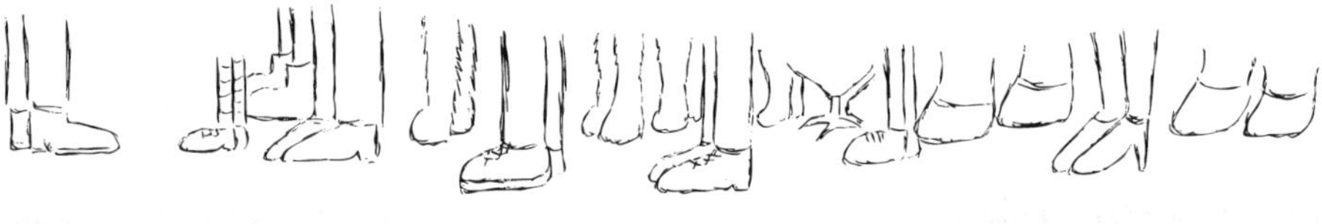

THEATER

Wisst Ihr, was das Tolle am Theater ist? Es ist ein Erlebnis, bei dem Ihr hautnah dabei sein könnt. Ihr seid immer Teil des Stücks, egal ob Ihr tatsächlich mitmacht oder ob Ihr einfach nur lauscht, zuschaut, mitfiebert oder mitlacht.

Das Publikum spielt beim Theater immer eine Rolle. Anders als bei Filmen gibt es keinen passenden Kameraschwenk oder einen Filter. Ihr seht, riecht, hört und fühlt, was auf der Bühne passiert. Wusstet Ihr, dass auch unsere Geschichte, das Märchen der Bremer Stadtmusikanten, schon oft auf Theaterbühnen aufgeführt wurde? Das finden wir ziemlich cool!

Für Euch haben wir uns mal die verschiedenen Theater angeschaut und ein paar hier aufgelistet, die oft tolle Aufführungen für Kinder anbieten. Da ist bestimmt das ein oder andere Stück dabei, das Euch gefallen wird!

Und wenn wir uns einig sind, was für eine Art von Theater zu uns passt, seht Ihr uns vielleicht auch mal auf der großen Bühne! Im Moment haben wir da offensichtlich noch alle unterschiedliche Vorstellungen…

WUSSTEST DU SCHON …

… dass in Asien Schattentheater sehr beliebt sind? Hierbei werden Schatten auf eine beleuchtete Fläche geworfen, um die Geschichte des Stücks zu erzählen.

Figurentheater „Mensch Puppe“
Adresse: Schildstraße 21 · 28203 Bremen
Telefon: 0421 / 79478318
Internet: www.menschpuppe.de

Kulturzentrum Schlachthof
Adresse: Findorffstr. 51 · 28215 Bremen
Telefon: 0421 / 377750
Internet: www.schlachthof-bremen.de

Metropol Theater Bremen
Adresse: Richtweg 7 · 28195 Bremen
Telefon: 0421 / 988850-0
Internet: www.metropol-theater-bremen.de

MOKS Theater
Adresse: Goetheplatz 1 · 28203 Bremen
Telefon: 0421 / 3653449
Internet: www.theaterbremen.de/de_DE/junges-theater

Schnürschuh Theater
Adresse: Buntentorsteinweg 145 · 28201 Bremen
Telefon: 0421 / 555410
Internet: www.schnuerschuh-theater.de

Theater 62
Adresse: Lessingstraße 12 · 28205 Bremen und
Sankt-Jürgen-Straße 56 · 28203 Bremen
Telefon: 0421 / 490899
Internet: www.theater62bremen.de

Theater Bremen
Adresse: Goetheplatz 1-3 · 28203 Bremen
Telefon: 0421 / 36530
Internet: www.theaterbremen.de

Theaterinteraktiwo
Adresse: Schwachhauser Heerstraße 207a
28211 Bremen
Telefon: 0421 / 70882160
Internet: www.theater-interaktiwo.de

Für alle Theater gilt:
siehe Homepage für den jeweiligen Spielplan oder das aktuelle Programm

JONTE

Kikeriki und stets unterwegs für Euch! Für alle Freunde des gepflegten Gefieders unter Euch laden die nächsten Seiten zu einem bunten Programm mit Ausflügen rund um Bremen ein. Ich habe mir von Zoos bis Museen und Freizeitparks alles angeschaut. Ihr müsst wissen, dass ich gerne Neues kennenlerne und deswegen auch mal über die Stadtgrenzen hinaus unterwegs bin. Auf meinen Entdeckungsreisen unterhalte ich mich gerne mit Menschen und Tieren und freue mich immer wieder über neue Freunde. Ich hoffe, Ihr seid nicht allzu schüchtern und fliegt mit mir auf eine Reise voller tierischer und spannender Abenteuer!

Meine Lieblingsfarbe: Sonnengelb

Was ich gut kann: Singen

Das will ich werden: Weltentdecker, Reiseblogger

Mein Leibgericht: Pfannkuchen

Das finde ich gut: Achterbahn fahren,
neue Freunde finden

Deutsches Auswandererhaus

Hier stehe ich nun mit meinen Koffern und bin in Bremerhaven angekommen. Ich werde mich heute für Euch auf eine Zeitreise begeben. Seid Ihr neugierig geworden? Dann kommt mit!

Auswandern - was ist das eigentlich? Na, eigentlich ist das nichts anderes als die Geschichte von uns Bremer Stadtmusikanten. Wir sind von unserem geliebten Zuhause weggezogen und haben uns einen neuen Ort gesucht, um dort besser leben zu können. Im Deutschen Auswandererhaus werden Euch reale Geschichten von Menschen erzählt, die ebenfalls ihr Zuhause verließen, um an einem anderen Ort ein neues Leben zu beginnen.

WUSSTEST DU SCHON ...

... dass das Auswandererhaus 2007 zum besten Museum Europas gekürt wurde?

Auf den Spuren der Auswanderer erlebt Ihr als kleine Weltenbummler den Abschied von der alten Heimat und die Ankunft in der neuen. Wie haben sie sich gefühlt? Wovor hatten sie Angst? Worauf haben sie sich gefreut? Und wie wanderten die Menschen überhaupt aus?

Lauft am Hafen auf das große Schiff, erlebt die lange Überfahrt an Bord und kommt schließlich in einem neuen Land an. Und? Wie fühlt Ihr Euch? Hier könnt Ihr über 300 Jahre Aus- und Einwanderungsgeschichte sehen, hören und anfassen.

Ich bin gespannt, was Ihr auf Eurer Reise erleben werdet!

Adresse: Columbusstr. 65 · 27568 Bremerhaven
Telefon: 0471 / 902200
Internet: www.dah-bremerhaven.de
Geöffnet: Sommersaison (Mär-Okt)
Mo-So: 10:00 bis 18:00 Uhr
Wintersaison (Nov-Feb)
Mo-So: 10:00 bis 17:00 Uhr

KLIMAHAUS® BREMERHAVEN 8° OST

Wusstet Ihr, dass man in Bremerhaven einmal um die Welt spazieren kann? Verrückt, oder?

Ihr findet dort jede Klimazone der Welt: Von warm bis kalt, von nass bis trocken. Und weil ich das selbst nicht glauben konnte, musste ich mir das Ganze einmal selbst anschauen.

WUSSTEST DU SCHON ...

... dass die Erde in Nord- und Südhalbkugel unterteilt ist und die Jahreszeiten auf beiden Halbkugeln genau entgegengesetzt stattfinden?

Das Klimahaus Bremerhaven 8 Grad Ost ist auf der Welt einzigartig: Es besitzt eine Wissens- und Erlebniswelt zu den Themen Klima, Klimawandel und natürlich dem Wetter.

Ihr werdet entlang des 8. Längengrades die Erde entdecken und Euch auf eine spannende Weltreise begeben. Ich habe für Euch geschwitzt, gefroren, gestaunt und gelacht. Auf dieser besonderen Reise habe ich die Geschichten von Menschen aus aller Welt gehört. Sie erzählten mir, wie das Klima ihr Leben beeinflusst, und ich kann Euch sagen, Ihr werdet aus dem Staunen nicht mehr herauskommen.

Am besten zieht Ihr Euch an wie eine Zwiebel: Schicht für Schicht, damit Ihr in der Antarktis nicht friert und in der Wüste nicht schwitzt.

Adresse: Am Längengrad 8 · 27568 Bremerhaven
Telefon: 0471 / 9020300
Internet: www.klimahaus-bremerhaven.de
Geöffnet: Sept. bis Febr.: Mo-So, Feiertage: 10:00 bis 18:00 Uhr
März bis Juni: Mo-Fr: 9:00 bis 18:00 Uhr
Sa-So, Feiertage: 10:00 bis 18:00 Uhr
Juli bis Aug.: Mo-Fr: 9:00 bis 19:00 Uhr
Sa-So, Feiertage: 10:00 bis 19:00 Uhr

ZOO AM MEER BREMERHAVEN

Angezogen mit Schal und Mütze ging es heute für mich in den Zoo am Meer. Ich bin auf tierischer Mission unterwegs gewesen und war ganz gespannt auf die Eisbären. Diese schönen Tiere trifft man sonst nämlich nur im ganz kalten Norden.

Aber auch über andere Tiere wie Robben, Pinguine, Polarfüchse, Pumas und viele andere Vier- und Zweibeiner konnte ich einiges lernen. Wusstet Ihr zum Beispiel, dass der Schneehase im Sommer braunes Fell hat und nur im Winter weiß ist?

WUSSTEST DU SCHON ...

... dass Eisbärenfell gar nicht weiß ist, sondern durchsichtig, hohl und mit Luft gefüllt? Im hellen Sonnenlicht erscheint das saubere Fell dann weiß.

Mein Tipp: Schaut auf jeden Fall vor Eurem Besuch, wann die Zeiten für die Fütterungen sind. Hier erfahrt Ihr von den Tierpflegern noch weitere spannende Dinge über die Tiere.

Durch die überirdischen und unterirdischen Wege könnt Ihr die Tiere nicht nur an Land, sondern auch unter Wasser beobachten. Ist das nicht klasse? Ich kann Euch sagen, mir ist mein Herz kurz stehengeblieben, als der große, weiße Eisbär direkt an mir vorbeigetaucht ist. Aber keine Angst, Euch trennt immer eine dicke Glasscheibe von den Tieren.

Natürlich habe ich mich auch von der Lage des Zoos beeindrucken lassen, denn dieser liegt direkt am Wasser und Ihr habt einen tollen Rundumblick auf das Wattenmeer. Ein Nordsee-Aquarium findet Ihr hier ebenfalls. Eine tolle Unterwasserwelt wartet darauf, von Euch erkundet zu werden. Vielleicht entdeckt Ihr ja den Oktopus?

Adresse:	**Hermann-Henrich-Meier-Straße 7** **27568 Bremerhaven**
Telefon:	**0471 / 308410**
Internet:	**www. zoo-am-meer-bremerhaven.de**
Geöffnet:	**April bis Sept. 9:00 bis 19:00** **März und Okt. 9:00 bis 18:00** **Nov. bis Febr. 9:00 bis 16:30 Uhr**

HISTORISCHES MUSEUM BREMERHAVEN

Wusstet Ihr, dass Bremerhaven früher den größten Auswandererhafen und den wichtigsten Fischereihafen Europas hatte? Die Stadt hat eine ziemlich lange und spannende Geschichte und im Historischen Museum Bremerhaven wollte ich mehr darüber erfahren.

Seit 1906 schon zeigt das Museum Sammlungen, die sich mit der Geschichte dieser Küstenregion befassen. Hier könnt Ihr den Spuren der ersten hier lebenden Menschen bis ins 20. Jahrhundert folgen. Erfahrt, wie sich die Region und die Stadt im Laufe der Zeit verändert haben. Natürlich spielen bei der Nähe zum Meer die Hafengeschichte und die Fischerei eine große Rolle. Ihr besucht Teile einer Werft und entdeckt, wie es in einer Hafenkneipe oder einem Fischladen aussah.

Und wo wir gerade beim Fisch sind: Um diesen länger haltbar zu machen, wurden unter anderem große Mengen an Eis benötigt. Im Museum findet Ihr eine Dampf- und Kältemaschine, die dafür genutzt wurde. Ich sage Euch, die ist ziemlich groß, Ihr werdet sie nicht übersehen.

Für Euch kleine Entdecker gibt es auch eine Museumsrallye, die Ihr meistern könnt. Mit Fragebogen und Stift könnt Ihr durch die verschiedenen Räume laufen und versuchen, die richtigen Lösungen herauszufinden.

Auf der Internetseite des Museums findet Ihr auch heraus, wann besondere Veranstaltungen, wie zum Beispiel Familientage, stattfinden.

Mein Tipp: Besucht auch das Museumsschiff FMS „Gera". Hier erfahrt Ihr Spannendes über das Leben und Arbeiten auf einem Hochseefischereischiff.

WUSSTEST DU SCHON ...

... dass ein vor der Fortpflanzung gefangener Hering als Matjes bezeichnet wird? Er hat noch keine Milch und Rogen (Eier) gebildet und einen deutlich höheren Fettanteil.

Historisches Museum Bremerhaven
Adresse: An der Geeste · 27570 Bremerhaven
Telefon: 0471 / 308160
Internet: www.historisches-museum-bremerhaven.de
Geöffnet: Di-So, Feiertage (außer 24.12. und 31.12.): 10:00 bis 17:00 Uhr

Museumsschiff FMS „Gera"
Adresse: Fischereihafen I („Schaufenster Fischereihafen")
Fischkai · 27572 Bremerhaven
Telefon: 0471 / 308160
Internet: www.museumsschiff-gera.de
Geöffnet: Mo-So: 11:00 bis 18:00 Uhr in der Saison

DEUTSCHES SCHIFFFAHRTSMUSEUM

Im Deutschen Schifffahrtsmuseum in Bremerhaven war ich auf den Spuren der Hanse unterwegs. Denn wisst Ihr, was Ihr hier im Original bestaunen könnt? Eine echte Bremer Kogge! Und das nicht nur als Nachbau, sondern als Schiffswrack aus der Zeit um 1380. Ist das nicht der Wahnsinn?

Das Wrack wurde 1962 in der Weser gefunden und war eine wirkliche Sensation, da man die alten Handelsschiffe sonst nur aus Abbildungen kannte. Die Kogge musste natürlich aufwendig wiederhergerichtet werden, damit man sie im Museum ausstellen konnte. Das hat fast 40 Jahre gedauert. In der großen Halle habt Ihr die Möglichkeit, das Schiff aus allen Richtungen zu bestaunen und das über drei Stockwerke.

Ihr findet hier aber auch allerhand spannende Informationen über die Schifffahrt im Mittelalter. Wie haben die Hansekaufleute ihre Schiffe gegen die Piraten verteidigt? Wie sah das Leben an Bord aus? Wie hat sich die Beziehung zwischen dem Menschen und dem Meer im Laufe der Zeit verändert? Wie ist sie heute?

Wusstet Ihr, dass Ihr während der Sommersaison (genaue Daten findet Ihr auf der Internetseite des DSM) auch die Museumsschiffe besichtigen könnt? Hier entdeckt Ihr, wie es an Bord eines Hafenschleppers oder eines Walfängers aussah.

Ihr merkt, im Deutschen Schifffahrtsmuseum könnt Ihr jede Menge zum Thema Meere entdecken und erleben! Mitmachen, Staunen und Fragen ist ausdrücklich erwünscht! Ich schaue mir jetzt noch einmal die tollen Schiffsmodelle an. Hinter ihnen verbergen sich jede Menge spannende Geschichten.

Und vielleicht finde ich ja noch Ideen, wie ich mein Papierschiff am besten anmale, damit es auch so schön aussieht!

WUSSTEST DU SCHON ...

... dass man die Hansezugehörigkeit bei einigen Städten auch im Autokennzeichen sieht? Bei diesen Städten findet Ihr jeweils ein H für die Hansestadt vor dem Namenskürzel:
HB – Bremen | HH – Hamburg
HL – Lübeck | HRO – Rostock
HST – Stralsund | HWI – Wismar
HGW – Greifswald

Adresse: Hans-Scharoun-Platz 1 · 27568 Bremerhaven
Telefon: 0471 / 482070
Internet: www.dsm.museum
Geöffnet: Mitte März bis Mitte November:
Mo-So 10:00 bis 18:00 Uhr
Ende November bis Anfang März:
Di-So 10:00 bis 18:00 Uhr
Besichtigung der Schiffe nur von Mitte März bis Mitte November möglich.
Feiertage siehe Homepage

Phänomenta Bremerhaven

Heute habe ich mich auf die Jagd nach einzigartigen Phänomenen begeben und wie sie überhaupt entstehen. Habt Ihr Euch mal gefragt, wie eine Kamera eigentlich funktioniert?

In der Phänomenta Bremerhaven habt Ihr die Möglichkeit, das herauszufinden. Wie? Indem Ihr es einfach selbst ausprobiert und Euch in eine riesige Lochkamera stellt. Ich habe mich mal davorgestellt. Huch? Wieso steht mein Bild denn auf dem Kopf?

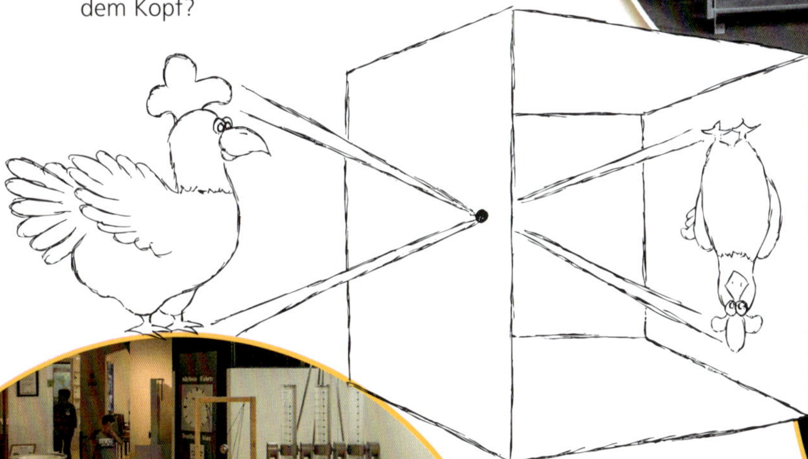

WUSSTEST DU SCHON ...

... dass Tiere optische Täuschungen in ihrem Fell, Gefieder oder ihrer Haut nutzen, um sich vor Feinden zu schützen?

In einer interaktiven Erlebnis- und Experimentierausstellung bekommt Ihr spannende Einblicke in die Welt der Naturwissenschaften, der Technik und der Mathematik. Ihr könnt Euer Können an den Experimentierstationen sowie bei zahlreichen Mitmachaktionen unter Beweis stellen.

Lasst Euch einen ganz anderen Blick auf die Bereiche Biologie, Chemie, Physik und Mathematik geben, denn ich weiß, dass diese Fächer nicht jeder mag. Hier aber ganz bestimmt!

Schärft Eure Sinne am Riechschrank oder beim Richtungshören. Lasst Eurer Kreativität in der Werkstatt freien Lauf und bastelt mit den Materialien Kunststoff und Metall verschiedene Dinge.

Ich probiere mich nun einmal am Chaos-Pendel aus. Neugierig, was sich dahinter verbirgt? Na dann nichts wie los in die Phänomenta Bremerhaven!

Adresse: Hoebelstraße 24 · 27572 Bremerhaven
Telefon: 0471 / 413081
Internet: www.phaenomenta-bremerhaven.de
Geöffnet: Mo-So: 10:00 bis 18:00 Uhr

Das Wattenmeer

Heute lasse ich mir hier an der Nordsee eine steife Brise um die Ohren wehen. Ich bin mitten im schönen Wattenmeer! Habt Ihr davon schon einmal gehört und wisst, was das Wattenmeer ist?

Tatsächlich ist „Watt" die Bezeichnung für den Meeresboden, wenn das Wasser bei Ebbe so niedrig ist, dass dieser zu sehen ist. Das Wattenmeer könnt Ihr Euch nämlich so vorstellen: Zweimal am Tag zieht sich das Wasser zurück. Das nennt sich **Niedrigwasserzeit** oder auch **Ebbe**. Nach ein paar Stunden kommt das Wasser wieder zurück. Dann kann ich hier nicht so entspannt im Meer stehen, denn dann ist der Wasserstand gut 2-3 Meter höher. Das nennt man dann **Hochwasserzeit** oder **Flut**. Ebbe und Flut werden auch als Gezeiten oder Tiden bezeichnet. Da sich die Zeiten immer verschieben, solltet Ihr vorab gucken, wann die Gezeiten sind, und natürlich auch rechtzeitig wieder an Land sein, bevor die Flut kommt.

Zum Wattenmeer gehören nicht nur die Flächen, die bei Ebbe freiliegen, sondern auch Inseln, Sandbänke, Priele, Ströme, Halligen und Salzwiesen. Hier leben mehr als 10.000 Tier- und Pflanzenarten. Es ist weltweit eine einmalige Naturlandschaft. Deswegen ist es auch so wichtig, dass es geschützt wird. Fast das gesamte Wattenmeer steht deshalb unter Naturschutz und große Teile gehören zu einem Nationalpark. Es ist hier also genau geregelt, was Menschen tun dürfen und was nicht. Seit 2009 zählt das Wattenmeer übrigens auch zum UNESCO-Weltnaturerbe.

WUSSTEST DU SCHON …

… dass sich das Wattenmeer über drei Länder erstreckt? Die Niederlande, Deutschland und Dänemark haben Küstenabschnitte am Wattenmeer.

Ihr könnt hier baden, Euch auf die Suche nach Wattwürmern machen, tolle Sandburgen bauen, im Watt spazieren gehen, nach Krebsen Ausschau halten oder mit einem Wattwagen bis zur Insel Neuwerk fahren. Das klingt doch nach einem ziemlich tollen Programm, oder?

Von Bremen aus ist es auch gar nicht so weit weg und es gibt viele Orte, die Ihr anfahren könnt, um das Wattenmeer zu erleben. Einen vollen Tag solltet Ihr dafür aber schon einplanen. Von Bremen aus erreicht Ihr die Orte Cuxhaven und Wilhelmshaven am einfachsten. Hier gibt es auch jeweils ein Besucherzentrum, in dem Ihr vieles über das Wattenmeer erfahren könnt.

Meine Sandburg habe ich schon gebaut und mache mich nun mal auf die Suche nach Wattwürmern!

Spaß am Strand

Am Strand kann man so viele tolle Dinge machen! Was haltet Ihr von meinen Vorschlägen für den nächsten Strandbesuch?

Eine Sandburg bauen

Ball spielen

Eis essen

Dem Wasser davonlaufen

Tic-Tac-Toe spielen

Muscheln sammeln

DRACHEN STEIGEN LASSEN

SCHÄTZE SUCHEN

FRISBEE SPIELEN

SANDBILDER MALEN

JEMANDEN EINBUDDELN

WUSSTEST DU SCHON ...

... dass ein einzelner Wattwurm im Jahr knapp 25 Kilogramm Sand umschichten kann?

Ich creme mir jetzt noch schnell den Schnabel ein, damit ich keinen Sonnenbrand bekomme. Das solltet Ihr bei all dem Spaß auch auf keinen Fall vergessen!

HELGOLAND

Puhhhh, ich muss erstmal meine Federn wieder in Form rücken, so durchgepustet bin ich von der Überfahrt! Herrlich, wenn einem die raue Seeluft so um den Schnabel weht, findet Ihr nicht auch? Knapp zwei Stunden war ich mit dem Schiff unterwegs und bin sicher auf Helgoland angekommen.

Was es hier so zu sehen und erleben gibt, könnt Ihr nun mit mir zusammen entdecken!

Die Lange Anna

Im Nordwesten der Insel erblickt Ihr das bekannte Wahrzeichen der Insel: Die Lange Anna. Sie ist ein 47 Meter hoher Brandungspfeiler aus Buntsandstein. Von der benachbarten Klippe aus habt Ihr einen tollen Blick auf das Naturkunstwerk. Seht Ihr auch die Kleine Anna? 1976 ist sie durch einen großen Felsabbruch entstanden und immer noch mit dem Festland verbunden.

Die Düne

Die schöne Badedüne befindet sich gut einen Kilometer neben der Hauptinsel. Hier findet Ihr feinsten Sandstrand und könnt ungestört eine Auszeit vom Helgoländer Trubel nehmen.

Kegelrobben

Auf der Helgoländer Düne könnt Ihr die drolligen Kegelrobben beobachten. Zwischen 30 und 70 Tiere halten sich hier auf. Mit ein wenig Glück entdeckt Ihr möglicherweise auch Jungtiere, die vor allem zwischen November und Januar geboren werden.

Hummerbuden

Die schönen farbenfroh gestrichenen Holzhütten am Binnenhafen von Helgoland sind ebenfalls Wahrzeichen der Insel. Früher lagerten die Hummerfischer hier in den Schuppen ihre Materialien, heute findet man hier kleine Läden, Museen, Galerien und Restaurants.

Helgoländer Leuchtturm

Er ist der lichtstärkste Leuchtturm Deutschlands. Bei gutem Wetter könnt Ihr sein Licht sogar noch auf den ostfriesischen Inseln sehen.

WUSSTEST DU SCHON ...

... dass Helgoland die einzige Hochseeinsel Deutschlands und hier Auto- und Fahrradfahren nicht erlaubt ist?

Naturparadies

Helgoland ist ein wahres Naturparadies. Am Lummenfelsen und an der Langen Anna nisten viele Seevögel und Basstölpel. Mit ihren unterschiedlichen Lebensräumen bietet die Insel aber auch einzigartigen Pflanzen beste Bedingungen zum Wachsen. Über gut ausgewiesene Wege kommt Ihr der Natur ganz nahe, ohne sie zu stören.

Inselbunker

Helgoland wurde während des Zweiten Weltkriegs zu einer Hochseefestung ausgebaut und mit ihr ein großer Luftschutzbunker angelegt. Während eines Luftangriffs, kurz vor Kriegsende, wurden tausende Bomben über der Insel abgeworfen, sodass diese unbewohnbar wurde. Um auch die Bunkeranlage endgültig zu zerstören, wurde 1947 die größte nicht-nukleare Sprengung der Geschichte durchgeführt. Diese prägt noch heute das Landschaftsbild der Insel. Die nicht zerstörten Bunkerteile könnt Ihr im Zuge einer Führung besichtigen.

Mein Tipp: Wenn Ihr die Möglichkeit habt, dann bleibt länger als einen Tag auf der Insel. Hier gibt es wirklich viel zu entdecken und zu erleben!

Anreise: **ab Cuxhaven / ab Bremerhaven**
Reederei: **Cassen Eils**
Internet: **www.cassen-eils.de**
Reservierung wird dringend empfohlen!

RUNDWEGE ZU FUß

Helgoland - 6,5 km

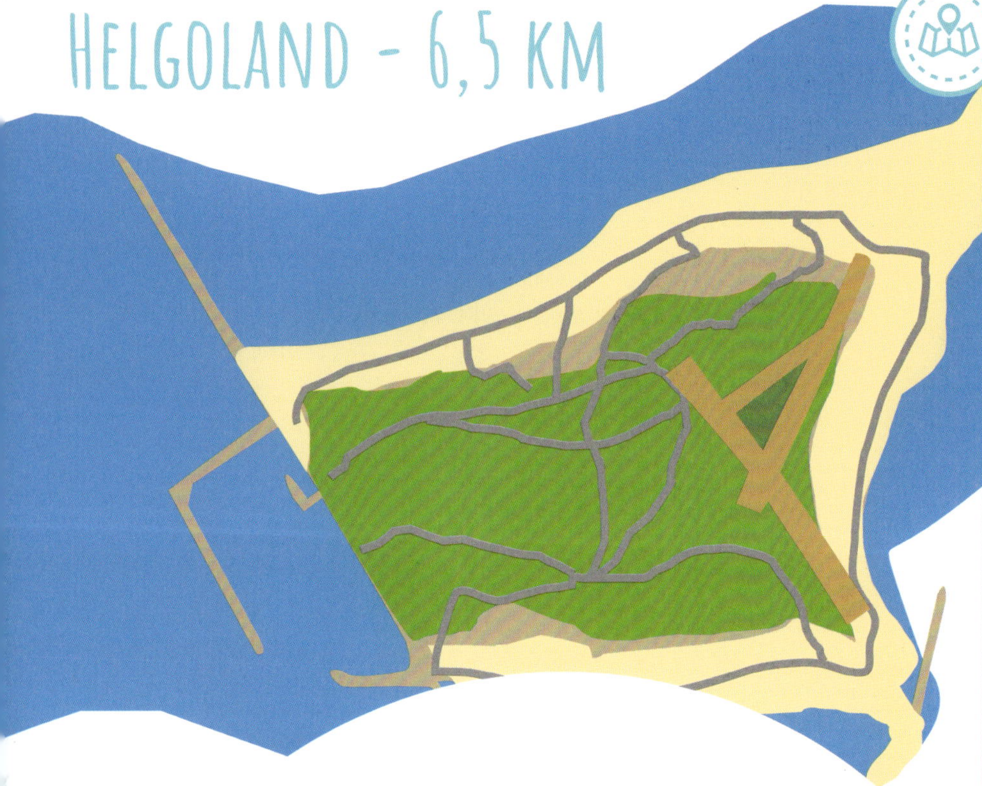

1	Fähranleger
2	Südstrandpromenade
3	Unterland-Blick
4	Inseldüne-Blick
5	Museum Helgoland, Kurpark, Promenade
6	Buntsandsteinsteilküsten-Blick
7	Nordstrand
8	Inseldüne-Blick
9	Nord-West (Lange Anna)
10,11,13	Lange-Anna-Blick
12	Schluchten-Blick
14,17	Vogel-Blick
15,18	Buntsandsteinsteilküsten-Blick
16	Pinneberg - höchste Erhebung der Insel
19,21	Hafen-Blick
20	Steilküste bis zur langen Anna
21	Berliner Bär

Heide Park Resort

Anschnallen, Festhalten, Lachen, die Arme in die Höhe strecken und vor Freude laut juchzen. Worum kann es sich hier wohl handeln?

Ich bin im größten Freizeitpark Norddeutschlands gelandet, dem Heide Park Resort. Inmitten einer riesigen Parklandschaft in der Lüneburger Heide erwarten Euch eine Menge Abenteuer!

Dem lauten Juchzen und den vergnügten Schreien hinterher bin ich durch das Eingangstor gehüpft und war ganz aufgeregt. Sage und schreibe 40 Attraktionen warten darauf, erkundet zu werden. Das lasse ich mir doch nicht zweimal sagen!

Von ruhigen und langsamen bis hin zu temporeichen und atemberaubend schnellen Fahrgeschäften ist hier alles dabei. Der Freizeitpark bietet Euch unzählige Möglichkeiten, einen erlebnisreichen Tag mit der ganzen Familie zu verbringen. Auch die Shows solltet Ihr nicht verpassen!

Lasst Euch beim Mountain-Rafting richtig nass spritzen und in der schnellen Achterbahn wieder trocken pusten! Oder wie wäre es mal, den Park von oben zu sehen? Das könnt Ihr im Panoramaturm oder mit der Monorail erleben.

Eine der Hauptattraktionen des Parks ist Europas schnellste und höchste Holzachterbahn: Colossos. Da war ich wirklich verblüfft! Eine Achterbahn komplett aus Holz. Haltet Euch gut fest, sobald es zur ersten steilen Abfahrt geht. Findet Ihr dieses Kribbeln im Bauch auch so toll?

Aber auch die vielen anderen Achterbahnen versprechen mit ihren zahlreichen Loopings Nervenkitzel. Vielleicht seid Ihr ja mutiger als ich und lasst Euch im Flug der Dämonen von den acht verschiedenen Flugmanövern ordentlich durchschütteln.

Aufgepasst!

In manche Attraktionen dürft Ihr erst ab einem bestimmten Alter oder einer bestimmten Größe. Alle wichtigen Hinweise dazu findet Ihr auf der Internetseite des Parks oder direkt vor den jeweiligen Eingängen.

Wenn Ihr von einem Tag voller Abenteuer und Aufregung müde seid, könnt Ihr in dem Heide Park Resort sogar übernachten. Von bunten Campinghütten bis zu einem Weltentdeckerhotel ist für jeden Geschmack das Passende dabei.

Und, mit wie vielen Karussells seid Ihr gefahren? Ich bin gespannt!

WUSSTEST DU SCHON ...

... dass der Park zu Beginn (1978) nur sechs Fahrgeschäfte und eine Tiershow hatte?

Adresse: Heide Park 1 · 29614 Soltau
Telefon: 01806 / 919101
Internet: www.heide-park.de
Geöffnet: Saisonöffnung, siehe Homepage

Jaderpark

Auf der Suche nach weiteren Abenteuern bin ich auf einen besonderen Tier- und Freizeitpark gestoßen, ganz in der Nähe der Nordsee. Der Jaderpark liegt nur eine knappe Autostunde von Bremen entfernt und bietet Euch mit seinen verschiedenen Themenbereichen ganz viel Abwechslung!

Ihr könnt große und kleine Tiere hautnah erleben, von riesigen Giraffen bis zu kleinen Erdmännchen. Im Streichelzoo erwarten Euch Alpakas und Ziegen. Entdeckt den Park mit der kleinen Eisenbahn auf dem Land oder vom Wasser aus mit einer Rundbootfahrt. Auf dem Giraffenturm habt Ihr den besten Ausblick.

Austoben könnt Ihr Euch so richtig in der Spielscheune. Hier erwarten Euch ein Kletterlabyrinth, ein Ballspielfeld, ein Tiefseilgarten und noch vieles mehr.

WUSSTEST DU SCHON ...

... dass das größte gefundene Goldnugget (Goldklumpen) ein Gewicht von fast 90 Kilogramm und einen Wert von ungefähr 2,21 Millionen Euro hatte?

Und für alle, die gerne richtig nass werden, ist die Freizeitlandschaft Grizzly Adventure genau das Richtige! Hier seid Ihr auf den Spuren amerikanischer Goldgräber unterwegs. Ihr könnt mit Flößen durch das Wasser fahren, Euch mit schnellen Booten ins Wasser stürzen oder hoch hinaufklettern. Also Badesachen und Abenteuerlust nicht vergessen!

Ich guck mich hier mal genauer um und bin gespannt, ob ich den Park mit trockenem Gefieder wieder verlasse!

Adresse: Tiergartenstraße 69 · 26349 Jade
Telefon: 04454 / 91130
Internet: www.jaderpark.de
Geöffnet: siehe Homepage

Ritter Rost Magic Park Verden

Euch ist nichts zu hoch und schnell genug? Dann folgt mir auf eine Reise durch den Ritter Rost Magic Park Verden. Zusammen tauchen wir ein in die verwunschene Welt des Freizeitparks und lassen uns von Hexen und Magiern verzaubern.

Und weil mich auch Märchenfiguren brennend interessieren, habe ich natürlich einen Abstecher in den Märchenwald gemacht. Na? Aus welchem Märchen kennt Ihr die zwei, denen ich begegnet bin?

Im Ritter Rost Magic Park Verden erwarten Euch nasses Vergnügen auf der Wildwasserbahn, rasante Fahrten in der Familienachterbahn, ein hüpfendes Herz in der Schiffschaukel und ein kleiner Drehwurm im Kettenkarussell.

Und wenn Euch das noch nicht genug ist, könnt Ihr natürlich auch den parkeigenen Streichelzoo mit Ziegen, Schafen, Alpakas, Kaninchen und noch vielen weiteren flauschigen Tieren besuchen.

Eine Minigolfanlage, eine Dinosaurierinsel, ein Spielplatz mit vielen verschiedenen Rutschen und sogar einer Hüpfanlage mit Trampolinen möchten von Euch entdeckt und bespielt werden.

Nach all dem Toben habe ich mich aber gefragt, wo hier die Magie bleibt? Ritter Rost hat mir erklärt, dass es inmitten des Parks ein großes Theater gibt, in dem täglich Zaubershows stattfinden. Hier werdet Ihr von dem Magier Ben Jarman verzaubert.

Also los, Ritter Rost erwartet Euch schon!

WUSSTEST DU SCHON ...

... dass das magische Wort „Abrakadabra" ursprünglich genutzt wurde, um Fieber zu heilen?

Adresse: Heideweg 3-7
27283 Verden (Aller)
Telefon: 04231 / 661110
Internet: www.ritterrost-magicpark.de
Geöffnet: siehe Homepage

Serengeti-Park Hodenhagen

Auf der Suche nach wilden Tieren bin ich im Serengeti-Park Hodenhagen gelandet. Nein, nein, nicht im weit entfernten Afrika, sondern ganz in der Nähe von Bremen!

Im Serengeti-Park Hodenhagen erlebt Ihr eine ganz neue Welt voller verschiedener Tiere und Natur. Und weil der Park so groß ist und ich so klein bin, hat mich doch tatsächlich eine freundliche Giraffe auf ihrem Kopf ein bisschen durch den Park geführt. So hatte ich einen tollen Blick auf die tierischen Parkbewohner. Mein Fernglas habe ich gar nicht gebraucht, da viele der Tiere neugierig zu uns gelaufen kamen.

Ihr könnt den Spuren großer Forscher folgen und dort viele spannende Geschichten aus deren Leben zu erfahren. Über 1.500 wilde und exotische Tiere aus unterschiedlichen Ländern in einer naturnahen Umgebung möchten von Euch bestaunt werden.

Ob mit dem Safaribus, mit einem erfahrenen Safarileiter oder mit dem eigenen Auto: Auf der zehn Kilometer langen Reise durch den Park begegnen Euch Löwen, Tiger, Nashörner, Antilopen und natürlich Giraffen. Auch quirlige Affen und neugierige Alpakas werdet Ihr im Park treffen.

Auf Eurer Safari steht Ihr auch Auge in Auge mit dem größten Landsäugetier der Erde, dem Elefanten. Habt Ihr schon einmal gesehen, wie Elefanten baden? Das sieht wirklich witzig aus. Aber passt bloß auf, dass Ihr nicht nass werdet. Die grauen Riesen können ganz schön spritzen.

Für noch mehr Abenteuer könnt Ihr Euch am Ende der Safari in dem angeschlossenen Freizeitpark austoben. Probiert die Wasserbahn oder die Schiffsschaukel aus!

Und wie viele Tiere habt Ihr auf Eurer Safari entdeckt?

WUSSTEST DU SCHON ...

... dass die Geparden die schnellsten Tiere auf dem Land sind?

Adresse: **Am Safaripark 1 · 29693 Hodenhagen**
Telefon: **05164 / 97990**
Internet: **www.serengeti-park.de**
Geöffnet: **Mo-Fr: 10:00 bis 17:00 Uhr**
Sa-So: 10:00 bis 18:00 Uhr
Saisonöffnung, siehe Homepage

Wild- & Freitzeitpark Ostrittrum

Tiere beobachten, streicheln und füttern – all das könnt Ihr im Wild- und Freizeitpark Ostrittrum. Von A wie Alpaka bis Z wie Zwergotter gibt es hier allerhand faszinierende Vier- und Zweibeiner.

Ich habe sogar weiße und braune Benett-Kängurus getroffen. Das wollte ich schon immer einmal! Wusstet Ihr, dass Kängurus ursprünglich aus dem weit entfernten Australien kommen? Über 30 km/h schnell können diese Beuteltiere hüpfen. Davon musste ich mich erst einmal selbst überzeugen und habe eine Flitz-Spritz-Hüpf-Tour im Kängurubeutel unternommen. Das war ganz schön schnell! Um so flink zu sein, müsstet Ihr bei Eurem Fahrrad ziemlich doll in die Pedale treten.

Eine Tour im Kängurubeutel könnt Ihr natürlich nicht machen, aber dafür warten noch viele andere Abenteuer auf Euch! Wie wäre es, wenn Ihr mit dem Tretboot auf dem Wasser rumschippert oder auf dem hölzernen Schiff zu Piraten werdet?

Die Spielplätze im Park bieten Euch viele Möglichkeiten zum Austoben. Für alle, die sich gerne von Geschichten mit „Es war einmal…“ verzaubern lassen, ist der Märchenwald genau das Richtige!

WUSSTEST DU SCHON …

… dass Kängurus nicht rückwärtslaufen können?

Ich mache mich nun mal auf den Weg zu den Schweinen und versuche herauszufinden, warum diese bekanntlich Glück bringen.

Wisst Ihr das?

Adresse: Rittrumer Kirchweg 29 · 27801 Dötlingen
Telefon: 04487 / 7166
Internet: www.freizeitpark-ostrittrum.de
Geöffnet: Saisonöffnung, siehe Homepage

Tiergarten Ludwigslust

Tierische Begegnungen erlebt Ihr in Osterholz-Scharmbeck, genauer gesagt im Tiergarten Ludwigslust.

Hier erwarten Euch über 200 Zwei- und Vierbeiner aus 50 verschiedenen Arten. Auf Eurem Rundweg durch den Tiergarten trefft Ihr auf Kängurus, Emus, Hirsche, Mini-Esel, Flamingos, Störche, Affen und viele, viele mehr.

WUSSTEST DU SCHON ...

... dass das Alpaka mit 22 echten Naturfarbtönen weltweit das Tier mit der größten Farbvielfalt ist? Dazu kommen noch ca. 60 Farbschattierungen und eine quasi unbegrenzte Anzahl an Scheckmustern.

Wenn Ihr Euch so richtig austoben möchtet, könnt Ihr das auf dem großen Spielplatz mit Schaukeln, Rutschen und Hängebrücken tun. Für eine Stärkung sorgt die Gaststätte mit Essen und Getränken.

Ich bin heute mal auf dem Rücken eines Alpakas unterwegs. Aber ich glaube, so richtig begeistert ist der Kollege nicht von mir. Ich sollte besser aufpassen, denn wusstet Ihr, dass Alpakas spucken, wenn sie sich bedroht fühlen? Das können sie sogar bis zu fünf Meter weit! Deswegen solltet Ihr immer schön nett zu diesen Vierbeinern sein.

Adresse: Garlstedter Kirchweg 31
27711 Osterholz-Scharmbeck
Telefon: 04791 / 5271
Internet: www.tiergarten-ludwigslust.de
Geöffnet: Mo-So: 9:30 bis 18:00 in der Saison

Weltvogelpark Walsrode

„Piep, Piep", „Kikeriki", „Tschilp", „UhuuUhuu" Na, wonach klingt das? So unterschiedlich können Vögel klingen! Und das habe ich mir heute mal im Weltvogelpark Walsrode angehört.

Hier im Park haben mich mehr als 4000 Vögel aus 650 verschiedenen Arten erwartet.

Haltet Euch fest: Von jedem Kontinent der Welt sind hier Vögel zu finden! Vom größten bis zum kleinsten gefiederten Freund werdet Ihr hier alle treffen. Der kleinste Vogel der Welt, der Kolibri, hat hier sein Zuhause gefunden, aber auch der größte König der Lüfte, der Andenkondor. Wenn er seine Flügel ausbreitet, hat er eine Spannweite von sage und schreibe 3,20 Meter.

Wusstest du schon …

… dass die Küstenseeschwalbe der Vogel mit der längsten Zugstrecke ist? Sie pendelt jährlich zwischen Nord- und Südpol und reist in ihrem Leben schätzungsweise 2,4 Millionen Kilometer, anders gesagt: dreimal bis zum Mond.

Auch der gefährlichste Vogel der Welt kann hier bestaunt werden: Der Rothalskasuar. Mit diesem Freund sollte sich besser niemand anlegen, denn seine gewaltigen Krallen haben eine tödliche Kraft.

Nun mögt Ihr glauben, dass ich als Vogel alles über meine gefiederten Artgenossen weiß, aber das stimmt so nicht. Hier im Weltvogelpark Walsrode habe ich noch eine ganze Menge dazugelernt. Besonders in der Flugshow war ich beeindruckt, was meine Kollegen so alles draufhaben.

Auf Eurem Spaziergang durch den Park kommt Ihr vorbei an tollen Teichanlagen mit wunderschönen Seerosen und prächtigen Blumenbeeten. Hört Ihr auch überall im Park die verschiedenen Vogelstimmen? Ich frage mich, was sie alles über sich zu erzählen haben.

Austoben könnt Ihr Euch auch hier auf einem großen Spielplatz. Ich werde mich unterdessen mal mit den anderen Vögeln unterhalten, aber ich glaube, die Eule schläft noch!

Adresse: Am Vogelpark · 29664 Walsrode
Telefon: 05161 / 60440
Internet: www.weltvogelpark.de
Geöffnet: Mo-So: ab 10:00 in der Saison
Schließzeiten siehe Aushang im Park

Wolfcenter Dörverden

Ahuuuuuuuuuuu! Kikerikiiiiiii! Ahuuuuuuuuuuuu! Kikerikiiii! Heute habe ich mit den Wölfen in Dörverden um die Wette geheult, ähhh, gekräht! Was meint Ihr, wer lauter war?

Wenn Ihr nicht wisst, wie laut ein Wolf heulen kann, dann kommt doch einfach mal ins Wolfcenter. Hier könnt Ihr die tollen Tiere aus nächster Nähe beobachten und mit etwas Glück auch heulen hören. Falls Ihr Euch auch noch fragt, warum Wölfe eigentlich heulen, dann findet Ihr dort auf jeden Fall die Antwort dazu!

Ein besonderes Erlebnis ist die Fütterung. Die solltet Ihr nicht verpassen! **Aber Achtung!** Diese findet nicht jeden Tag statt.

WUSSTEST DU SCHON ...

...dass ein Wolfsrudel immer aus den Elterntieren und dem Nachwuchs besteht?

Ihr kennt doch bestimmt das Spiel „Wer hat Angst vorm bösen Wolf?“, oder? Ich kann Euch sagen, dass ich vor Wölfen keine Angst habe. Spätestens nach Eurem Besuch bei den Wölfen wird es Euch genauso gehen, denn böse sind diese Tiere gar nicht! Ihr erfahrt hier ganz viel über das Leben der Wölfe in der freien Natur, mit dem Menschen und wie sie sich untereinander begegnen.

Im Wolfcenter gibt es verschiedene Arten von Wölfen, denn nicht jeder Wolf ist grau wie man ihn vielleicht aus Büchern kennt. Hier gibt es weiße, braune und graue Wölfe. Ob Ihr wohl alle seht?

Für die ganz Mutigen unter Euch gibt es auch Baumhäuser auf dem Gelände. Hier könnt Ihr mit der ganzen Familie übernachten und zusammen mit den Wölfen einschlafen und wieder aufwachen, denn die Wölfe streifen unter dem Baumhaus entlang.

Adresse:	**Kasernenstr. 2 · 27313 Dörverden**
Telefon:	**04234 / 943110**
Internet:	**www.wolfcenter.de**
Geöffnet:	**Hauptsaison (siehe Homepage)**
	Mi-So: 10:00 bis 18:00 Uhr
	Nebensaison (siehe Homepage)
	Sa-So: 10:00 bis 17:00 Uhr

Deutsches Pferdemuseum

Ein Sprichwort besagt: Das Glück der Erde liegt auf dem Rücken der Pferde. Das hat mich natürlich neugierig gemacht. Angefangen auf Koppeln, habe ich mich bei den Pferden mal durchgefragt. Da mich die großen Vierbeiner aber nicht auf ihre Rücken fliegen lassen wollten, bin ich dem Sprichwort anderweitig auf die Spur gekommen. Wo? Im Deutschen Pferdemuseum in Verden.

Hier habe ich allerhand über diese vielseitigen Tiere erfahren. Zum Beispiel, wie sie sich in über 55 Millionen Jahren bis heute entwickelt haben oder wie hoch ein Pferd überhaupt springen kann.

WUSSTEST DU SCHON …

… dass das älteste Pferd 62 Jahre alt wurde? Sein Name war Old Billy.

Und was hat
es denn nun mit
dem Glück auf sich?
Sind die Menschen immer
nur zum eigenen Spaß auf Pferden geritten? Wie hat sich
der Reitsport bis heute entwickelt?

Auf diese Fragen werdet Ihr im Museum natürlich Antworten finden. Ihr könnt auf einem Kutschbock Platz und die Leinen des Pferdegespanns selbst in die Hand nehmen. Ich kann Euch sagen, man hat einen ganz anderen Überblick von dort oben. Und wo wir gerade von Überblick reden, hier könnt Ihr selbst einmal testen, wie Pferde ihre Umwelt sehen.

Ich bin gespannt, was Ihr zu dem Pferdeskelett sagen werdet, welches Ihr in dem Museum sehen könnt. Findet Ihr nicht auch, dass das ganz schön groß ist?

Adresse: Holzmarkt 9 · 27283 Verden (Aller)
Telefon: 04231 / 807140
Internet: www.dpm-verden.de
Geöffnet: Di-So: 10:00 bis 17:00
Feiertage siehe Homepage

WER KOMMT WOHER ?

Wie Ihr wisst, bin ich gerne auf Reisen und Ihr sicherlich auch, sonst hättet Ihr nun bestimmt nicht diesen Reiseführer in den Händen.

Die ganze Welt habe ich leider noch nicht gesehen, aber in den vielen Parks sind mir schon einige fremde Zwei- und Vierbeiner über den Weg gelaufen. Euch auch? Dann seid Ihr doch mit Sicherheit richtige Tier-Experten und könnt mir sagen, welche Tiere woher stammen.

Tragt bei den Bildern einfach die Zahl des entsprechenden Kontinents ein und schaut auf den Lösungsseiten, ob Ihr richtigliegt!

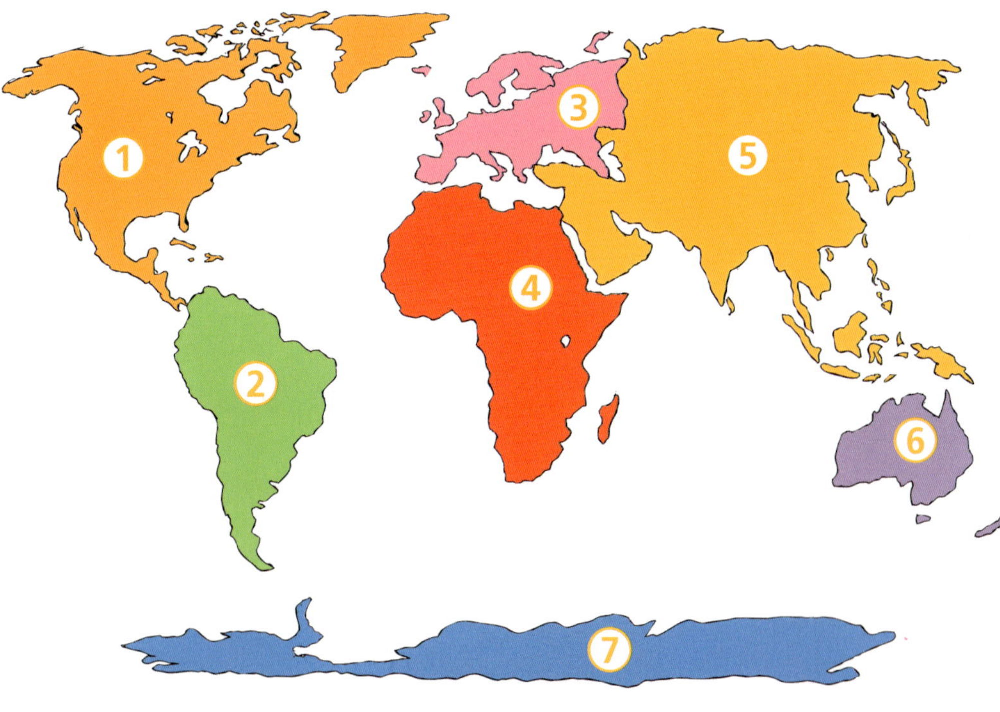

1 **Nordamerika**
2 **Südamerika**
3 **Europa**
4 **Afrika**
5 **Asien**
6 **Australien**
7 **Antarktis**

Wombat

Strauß

Pinguin

Guanako

Panda

Känguru

Wildes Truthuhn

Koala

Elenantilope

Seeleopard

Wasserschwein

Tasmanischer Teufel

Fischerhude

Was für eine schöne Fahrradtour durch die Wümmewiesen! Wart Ihr hier auch schon unterwegs? Als heutiges Ausflugsziel habe ich mir den kleinen Ort Fischerhude ausgesucht.

Den erreicht man nämlich sehr gut mit dem Fahrrad und richtig idyllisch ist es hier obendrein. Alte Bauernhäuser, schöne Wälder- und Wiesenlandschaften, Moore, Heiden und Geesten. Unberührte Natur so weit das Auge reicht! Hier gibt es auch bestimmt den ein oder anderen Baum, den Ihr erklimmen könnt.

Der kleine Ortskern lädt Euch nach der langen Fahrradtour zum Verweilen ein. Wie wäre es mit einer kleinen Stärkung in einem der schönen Cafés oder Gaststätten? Ich hole mir jetzt auf jeden Fall einen riesigen Eisbecher und genieße die Sonne auf meinem Schnabel.

Wusstet Ihr, dass Fischerhude schon seit dem 19. Jahrhundert bei Künstlern beliebt ist? Ein sehr bekannter Maler, der sich hier niederließ, war Otto Modersohn. Er malte viele Landschaftsbilder von der Umgebung. Auch heute noch zieht der Ort viele Künstler an. Wenn Ihr also durch den Ort geht, werdet Ihr mit Sicherheit einige Galerien und Ausstellungen entdecken.

Worpswede

Nicht weit von Bremen entfernt liegt das Künstlerdorf Worpswede. Warum es ein Künstlerdorf ist? Weil der Ort bereits im Jahr 1889 als Künstlerkolonie gegründet und so zur Heimat bedeutender Künstler wurde.

Viele von ihnen zog es von der Stadt aufs Land. Maler, Dichter, Schriftsteller und Bildhauer ließen sich in Worpswede nieder und fanden Inspiration in den umliegenden Landschaften und der Idylle. Auch die besondere Lichtverhältnisse in der Natur genossen sie bei ihrer Arbeit. Noch heute gibt es hier viele Galerien, Werkstätten und Ausstellungen, die besucht werden können.

Ein Ausflug hierhin lohnt sich aber nicht nur für Kunstbegeisterte. Es erwarten Euch außerdem regionale Museen mit Heimatkunde zum Anfassen, schöne Gärten und Landschaften sowie interessante Architektur, die Euch bestimmt zum Staunen bringt.

Zu jeder Jahreszeit könnt Ihr Euch hier wunderbar in der Natur austoben! Und das nicht nur an Land, sondern auch auf und im Wasser: der Hammestrand ist im Sommer super für Euch Kinder geeignet. Also packt unbedingt Eure Badesachen ein!

Und für alle Naschkatzen empfehle ich einen Besuch in der Worpsweder Bonschen-Manufaktur. Das sieht wirklich lecker aus! Mal schauen, ob ich mit meinem Bild in die Fußstapfen der großen Maler treten kann. Wie wäre es denn, wenn auch Ihr ein schönes Landschaftsbild malt? Hier findet Ihr doch bestimmt reichlich tolle Motive!

WUSSTEST DU SCHON ...

... dass man Worpswede in den Sommermonaten auch mit dem Moorexpress erreichen kann?

Traditionen & Termine

Eiswette

Ist die Weser zugefroren oder nicht? Am 6. Januar findet jährlich um 12:00 Uhr am Osterdeich (Höhe Sielwall-Fähre) die Eiswette statt. Hierbei wird seit 1828 gewettet, „of de Werser geiht or steiht" (= ob die Weser geht oder steht). So versucht jedes Jahr ein Schneider mit einem heißen Bügeleisen, die Weser trockenen Fußes zu überqueren. Tatsächlich ist die Weser schon seit dem Jahr 1947 nicht mehr zugefroren gewesen.

Wann: 06. Januar (jährlich) – 12:00 Uhr
Wo: Osterdeich · Höhe Sielwall-Fähre · 28203 Bremen
Internet: www.eiswette.de

Kids Six Days

Könnt Ihr Euch vorstellen, dass man sechs Tage und Nächte mit einem Fahrrad in einem Kreis fahren kann? Anfang des Jahres ist das Sechstagerennen, heute Six Days genannt, DIE Veranstaltung in Bremen. Hier fahren verschiedene Mannschaften mit Rennrädern um den Sieg. Begleitet wird das Rennen von einem bunten Rahmenprogramm aus Musik, Essen und Trinken. Für Euch Kinder gibt es einen speziellen Tag, an dem Ihr das Maskottchen Speedy und viele aktuelle Stars hautnah erleben könnt. Das laufende Rennen könnt Ihr Euch natürlich auch anschauen.

Wann: Januar (jährlich)/im Rahmen der Six Days
Wo: Messegelände · 28215 Bremen
Internet: www.sixdaysbremen.de/show-events/kidsday

Bremer Karneval

Am Freitagnachmittag des Karneval-Wochenendes in Bremen findet als Einstieg im Bürgerhaus Weserterrassen (Osterdeich 70b, 28205 Bremen) der Karneval der Kids statt. Hier feiern die Kinder mit Kostümen, Shows, Musik und Tanz. Danach geht es dann zum Winteraustreiben! Beim Lichtertreiben werden die Straßen abends bei Dunkelheit in eine märchenhafte Welt verzaubert. Hier erlebt Ihr leuchtende Fantasiegestalten und bunte Lichter. Der Bremer Karneval erwartet Euch auf den Straßen mit großartigen Sambatänzern, bunten Masken und Kostümen, jeder Menge Tanz, Musik und guter Laune! Hier könnt Ihr einen Hauch vom Karneval in Rio spüren.

Wann: Februar (jährlich)
Wo: Marktplatz · 28195 Bremen und Viertel · 28203 Bremen
Internet: www.bremer-karneval.de

WUSSTEST DU SCHON ...

Vielleicht seht Ihr in der Winterzeit öfter einmal verschiedene Gruppen mit einem Bollerwagen durch die Gegend ziehen. Dann könnt Ihr Euch ziemlich sicher sein, dass es sich um eine Kohlfahrt handelt. Diese Bremer Tradition wird von vielen Vereinen, Firmen, Familien und Freundeskreisen gepflegt. Mit Getränken im Bollerwagen und vielen Spielen für unterwegs geht der Spaziergang los und endet mit einem leckeren Grünkohlessen.

Bremer Spiele-Tage

In der Bremer Volkshochschule findet jedes Jahr das größte „Spielevent" des Nordens statt, die Bremer Spiele-Tage. Auf fünf Etagen können mehr als 30.000 Spiele ausprobiert werden. Hier ist wirklich für jeden etwas dabei. Ob Klassiker oder Neuheiten: Lasst Euch die Spielregeln erklären und spielt drauf los. Ihr könnt zudem an Spieleturnieren teilnehmen oder Euch auf dem Flohmarkt umsehen. Welches ist Euer Lieblingsspiel?

Wann: März (jährlich)
Wo: Bremer Volkshochschule · Faulenstraße 69 · 28195 Bremen
Internet: www.bremerspieletage.de

Osterwiese (siehe Seite 217)

Pünktlich zu Ostern startet auf der Bremer Bürgerweide die Osterwiese. Ein bunter Jahrmarkt erwartet Klein und Groß.

Wann: Frühjahr (jährlich)
Wo: Bürgerweide · 28215 Bremen
Internet: www.osterwiese.com

Bremen Skate Night

Ihr wolltet schon immer einmal auf den Straßen der Stadt mit Inlinern fahren? Von Mai bis September könnt Ihr an jedem ersten Dienstag im Monat die Inliner anziehen und Euch am HANSA-CARRÉ in Bremen einfinden. Hier ist Start und Ziel der Veranstaltung. Die rund 20 km durch die Stadt werden von Erfrischungsgetränken und Musik begleitet. Ihr könnt nun also mit vielen anderen durch die Stadt skaten. Wir empfehlen Euch das Tragen von Schützern und natürlich eines Helms, zudem solltet Ihr sicher fahren und bremsen können!

Wann: Jeden ersten Dienstag im Monat (Mai-September)
Wo: HANSA-CARRÉ Bremen · Pfalzburger Str. 41 · 28207 Bremen
Internet: www.happyskater.de

Lange Nacht der Bremer Museen (siehe Seite 162)

Viele Museen in Bremen erwarten Euch an diesem Abend mit verlängerten Öffnungszeiten. Dann könnt Ihr auch mal spät abends durch die Museen stromern und die Ausstellungen genießen.

Wann: Mai (jährlich)
Wo: Die teilnehmenden Museen findet Ihr im Internet
Internet: www.bremen.de/kultur/veranstaltungen/highlights/die-lange-nacht-der-museen

---

Vegesacker Hafenfest

In Bremen-Nord könnt Ihr im Sommer das Vegesacker Hafenfest erleben. Direkt am Wasser gelegen könnt Ihr Euch durch die verschiedenen Buden schlemmen und vielen musikalischen Highlights lauschen.

Wann: Erstes Wochenende im Juni (jährlich)
Wo: Rund um den Vegesacker Hafen · 28757 Bremen
Internet: https://vegesacker-hafenfest.de

La Strada

Bunte Kostüme, Theater und Artistik: Das ist die La Strada. Das Festival der Straßenkünste erwartet Euch im Sommer in Bremens Straßen.

Wann: Sommer (jährlich)
Wo: Marktplatz, Domshof und Wallanlagen
Internet: www.bremen.de/kultur/veranstaltungen/highlights/la-strada

---

Breminale

Im Sommer findet die Breminale direkt an der Weser statt. Buntes Treiben entlang des Flusses wird von vielen Konzerten begleitet. Es erwarten Euch an fünf Tagen verschiedene Veranstaltungen mit Kunst, Musik, Theater und Spaß. Genießt leckeres Essen am Deich, lauscht den vielen Bands, die dort spielen, und erfreut Euch an Artisten, Jongleuren und Gauklern.

Wann: Sommer (jährlich)
Wo: Osterdeich · 28203 Bremen
Internet: www.breminale.de

Tag des offenen Denkmals

An diesem Tag könnt Ihr in Bremen fast 60 Denkmäler kostenfrei besuchen.

Wann: Jeden zweiten Sonntag im September (jährlich)
Wo: Die teilnehmenden Denkmäler findet Ihr im Internet
Internet: www.tag-des-offenen-denkmals.de

Maritime Woche

Die Maritime Woche lädt Euch zu vielen Veranstaltungen an und auf der Weser ein. Vom Maritimen Markt über Schiffsparaden, Lampionfahrten und Feuerwerk bis hin zum spannenden DrachenbootCup gibt es für Euch viel zu erleben. Feiert mit Bremen die Liebe zum Wasser!

Wann: September (jährlich)
Wo: An der Weser / Schlachte
Internet: www.bremen.de/leben-in-bremen/maritime-woche

Freimarkt (siehe Seite 216)

In Bremen wird im Herbst die 5. Jahreszeit eingeläutet: Der Freimarkt. Hier werden auf dem Gelände der Bürgerweide unzählige Fahrgeschäfte und Essensstände aufgebaut. Mit einem bunten Feuerwerk wird das Volksfest am ersten Tag eröffnet. Verpasst auf keinen Fall den tollen und bunten Freimarktsumzug! Farbenfrohe Wagen mit verkleideten Teilnehmern fahren durch die Stadt und werfen Bonbons in die Menge. Hier gibt es Musik, Tanz, Spaß und jede Menge zu gucken! Ja, und natürlich endet der Umzug auf dem Bremer Freimarkt.

Wann: Herbst (jährlich)
Wo: Bürgerweide · 28215 Bremen
Internet: www.freimarkt.de

Bremer Lichtermeer

Im November lädt Bremen zum großen Laternelaufen ein. Bis zu 3000 Besucher werden jedes Jahr erwartet. Macht Euch auf mit Euren Laternen und Ihr werdet von Musik und vielen anderen Lichtern durch die Stadt begleitet.

Wann: November (jährlich)
Wo: Marktplatz · 28195 Bremen
Internet: www.bremerlichtermeer.de

Weihnachtsmarkt und Schlachte- Zauber (siehe Seite 220/221)

Weihnachten steht vor der Tür und die Zeit der Besinnlichkeit wird eingeläutet. In Bremen könnt Ihr dann den Weihnachtsmarkt besuchen. Rund um den Bremer Marktplatz stehen bunte Buden mit herrlichen Düften. Gar nicht weit weg davon liegt der Schlachte-Zauber. Dieser mittelalterlich angehauchte Markt direkt an der Weser wird Euch ganz bestimmt verzaubern.

Wann: Winter (jährlich)
Wo: Rund um den Marktplatz · 28195 Bremen / Schlachte · 28195 Bremen
Internet: www.bremen.de/tourismus/weihnachtsmarkt-und-schlachte-zauber

---

Die genauen Termine und Öffnungszeiten findet Ihr auf der jeweiligen Homepage!
Weitere Veranstaltungs-Highlights:
https://www.bremen.de/kultur/veranstaltungen/highlights

FREIMARKT & OSTERWIESE

Frühling, Sommer, Freimarkt, Herbst und Winter - Euch sind die vier Jahreszeiten bestimmt bekannt. Aber halt! Zählt mal genau nach. Sind das nicht fünf Jahreszeiten, die dort stehen? Bei den Bremern gibt es tatsächlich noch eine mehr. Wisst Ihr, welche ich meine? Genau, den Freimarkt.

WUSSTEST DU SCHON ...

... dass im Jahr 2035 der Bremer Freimarkt zum 1000. Mal stattfindet?

Bunte Lichter, Luftballons, Lebkuchenherzen, Liebesäpfel und lachende Gesichter - das ist die bekanntlich fünfte Jahreszeit Bremens. Stürzt Euch in das lebendige Getümmel und vergnügt Euch in den vielen verschiedenen Fahrgeschäften. Vom Riesenrad habt Ihr einen tollen Blick auf das bunte Lichtermeer.

Aber seit wann gibt es den Freimarkt und warum wurde dieser zum Volksfest gemacht? Im Jahr 1035 hat Kaiser Konrad der II. die Marktgerechtigkeit verliehen. Bauern, Handwerker und Händler konnten ihre Waren frei und ohne besondere Auflagen auf diesem Markt verkaufen.

So entstand der Freimarkt. Jedes Jahr zu dieser Zeit feiern die Bremer im Herbst diese erlangte Eigenständig- und Unabhängigkeit.

Zu dem großen Freimarkt auf der Bürgerweide mit seinen Ständen, Fahrgeschäften und Festzelten gesellt sich der kleine, beschauliche Freimarkt auf dem Bremer Marktplatz.

Hier geht es ruhiger zu: Kleinere Karussells und gemütliche Buden laden Euch hier zu einem Bummel ein.

Also nichts wie los und rein in das Getümmel! Und wenn Ihr uns seht, sagt doch einfach mal **„Moin“**.

Pünktlich zu Ostern und dem Eiersuchen könnt Ihr Euch den Bauch noch mit Zuckerwatte auf der Bremer Osterwiese vollschlagen. Zwischen Karussells, Losbuden und herrlich duftenden Schmalzkuchen könnt Ihr hier mit Eurer Familie ein paar schöne Stunden genießen.

Freimarkt:	**Bürgerweide · 28359 Bremen**
Kleiner Freimarkt:	**Am Markt · 28195 Bremen**
Internet:	**www.freimarkt.de**
Geöffnet:	**Herbst – Daten variieren jährlich (siehe Homepage)**
Osterwiese:	**Bürgerweide · 28359 Bremen**
Internet:	**www.osterwiese.com**
Geöffnet:	**Frühjahr – Daten variieren jährlich (siehe Homepage)**

FIETES BUNTER JAHRMARKTSPAß

Natürlich lieben wir Stadtmusikanten alle den Bremer Freimarkt und die Osterwiese, aber wenn wir mal ehrlich sind, dann gibt es keinen von uns vieren, der hier mehr Spaß hat als ich!

Mit den vielen Leckereien, den aufregenden Karussells und den unzähligen Los- und Schießbuden, an denen es etwas zu gewinnen gibt, wäre ich am liebsten jeden Tag in der fünften Jahreszeit dort. Für Euch habe ich mal meine absoluten Lieblingsaktivitäten gesammelt, die Ihr unbedingt ausprobieren solltet.

Damit Ihr keine Bauchschmerzen bekommt, solltet Ihr vielleicht nicht alles bei einem Besuch essen!

Ein Kuscheltier gewinnen

Dosen werfen

Achterbahn fahren

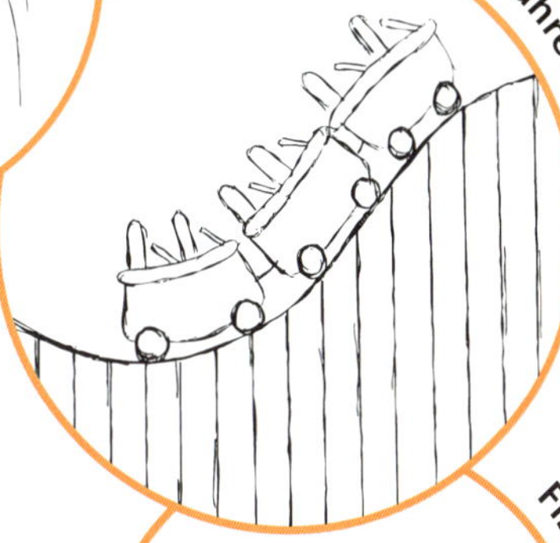

Den Freimarktsumzug miterleben und Bonbons fangen

Fischbrötchen essen

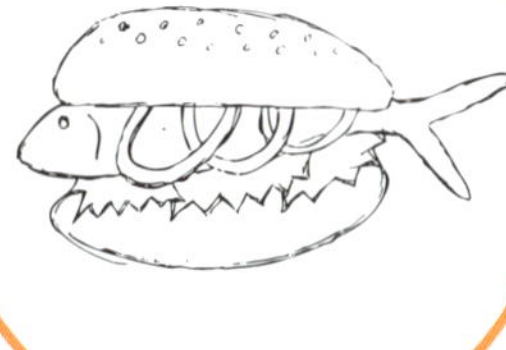

Liebesapfel essen

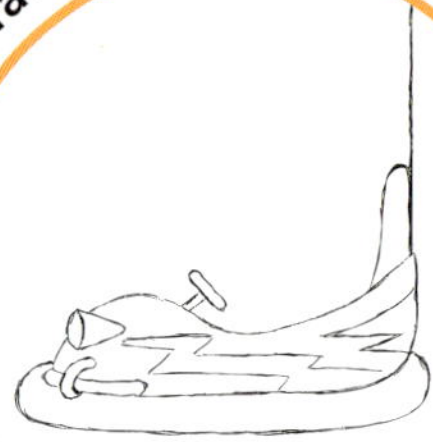

Autoscooter fahren

Im Greifautomat ein Kuscheltier ziehen

Sich mit Puderzucker beim Schmalzkuchen essen einkleen. (Plattdeutsch für einsauen, kleckern)

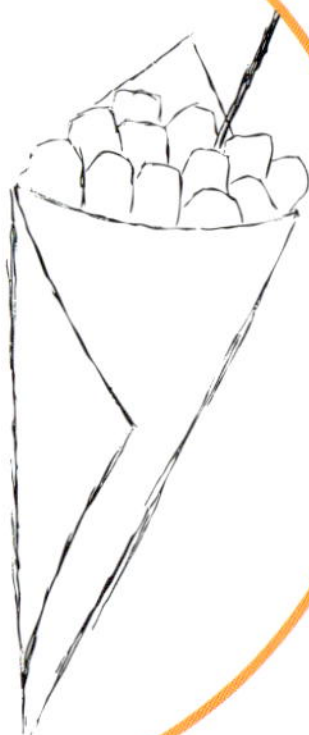

Mama oder Papa ein Lebkuchenherz mit „Hab Dich lieb“ schenken

Lose ziehen

Bremer Kluten naschen

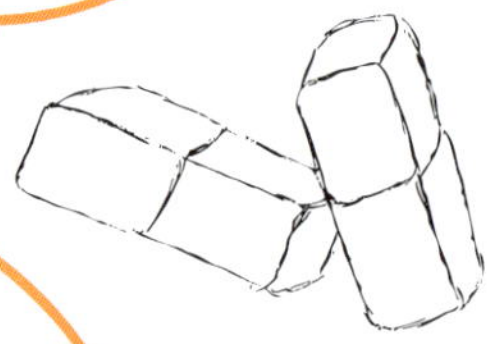

Luftballons schießen

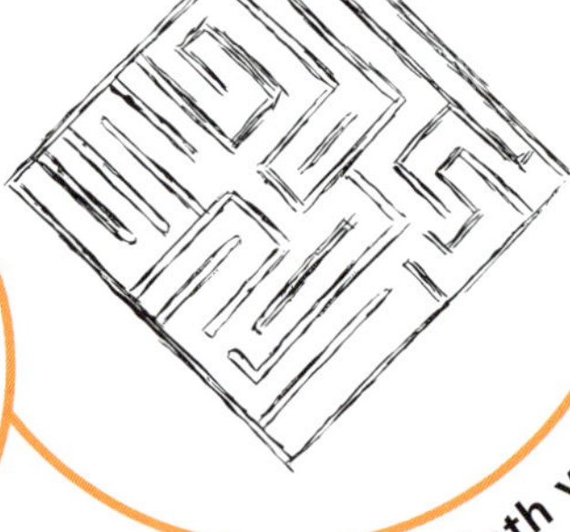

Im Spiegellabyrinth verlaufen

Bremer Weihnachtsmarkt

Schneebedeckte Dächer und Straßen, Lichterglanz in den Häusern, duftende Stände entlang der Wege. Es beginnt die vorweihnachtliche Zeit und mit ihr natürlich auch der Weihnachtsmarkt und der Schlachte-Zauber in Bremens Innenstadt.

Wir können Euch gar nicht sagen, wie toll und auch geheimnisvoll die Stadt dann aussieht. Es liegt der Duft von Weihnachten in der Luft und man zählt die Tage bis Heiligabend.

Rund um das Bremer Rathaus und den Roland lädt der Bremer Weihnachtsmarkt mit seinen über 150 weihnachtlich geschmückten Ständen zu einem ausgedehnten Bummel ein. Hier werdet Ihr bestimmt auch das ein oder andere Geschenk für Eure Eltern, Großeltern und Geschwister finden.

Überall, wo Ihr hinschaut, leuchtet Bremen wunderschön durch die vielen Lichterketten, die erhellten Buden und den Kerzenschein in den Häuserfenstern. Fehlen darf natürlich nicht der Duft von gebrannten Mandeln, Lebkuchen und Glühwein (für Euch natürlich Kinderpunsch). Wir vier sind jetzt schon vollgefuttert bis obenhin.

Ob uns Erik noch tragen kann?

Wusstest du schon ...

... dass die US-Amerikanerin Erin Lavoie den Weltrekord im Weihnachtsbaumschlagen hält? Im Jahr 2008 fällte sie innerhalb von zwei Minuten ganze 27 Weihnachtsbäume.

Schlachtezauber

Nicht nur der himmlisch beleuchtete Weihnachtsmarkt rund um den Bremer Marktplatz lädt zur Weihnachtszeit ein, auch der Schlachte-Zauber entlang der Weser ist mit seiner Atmosphäre einzigartig. In blaue Lichter gehüllt schaukeln die Schiffe am Ufer, während Ihr den Markt entlang spaziert. Mit seinen urigen Holzbuden, dem speziellen Geruch nach Gewürzen und Feuer der Fackeln fühlt Ihr Euch wie im Mittelalter. Und ja, viele der Menschen hier sprechen auch so. Wollte da eben jemand einen Taler für meinen Tee?

Wir wünschen Euch und Euren Familien eine besinnliche Weihnachtszeit und genießen noch ein wenig die festliche Stimmung!

Bremer Weihnachtsmarkt
Adresse: Bremer Innenstadt · 28195 Bremen
Internet: www.bremer-weihnachtsmarkt.de
Schlachtezauber
Adresse: Schlachte · 28199 Bremen
Internet: www.bremen.de
Geöffnet: Winter – Daten variieren jährlich (siehe Homepage)

Essen & Trinken

Schaut Euch die jeweiligen Öffnungszeiten vorab im Internet an!

Café Sand
In der Hauptsaison: Frühstück – Mittagessen – Abendessen – für zwischendurch
Adresse: Strandweg 106 · 28201 Bremen
Telefon: 0421 / 556011
Internet: www.cafe-sand.de
Besonderheit: Direkt an der Weser gelegen mit Badestrand und reichlich Platz zum Toben, Essen von herzhaft bis süß

Coockies Cupcakes
Für zwischendurch
Adresse: Ostertorsteinweg 103 · 20203 Bremen
Telefon: 0421 / 79465993 · 0172 / 2876856
Besonderheit: Bunt und süß, nicht nur die Nascherei, sondern auch die Einrichtung

---

Daisy's Diner
Frühstück – Mittagessen - Abendessen
Adresse: An der Autobahn 2 · 28876 Oyten
Telefon: 04207 / 4884
Internet: www.daisys-diner.de
Besonderheit: Diner im amerikanischen Stil, amerikanisches Essen

---

Eislabor
Für zwischendurch
Adresse: Am Schwarzen Meer 152 · 28205 Bremen
Telefon: 0421 / 8356219
Besonderheit: Große Auswahl an Eis, von klassischen bis kreativen Eissorten (z.B. Waldfrucht-Basilikum) bis Mamas Käsekuchen alles dabei, äußerst familienfreundlich

---

Fischbrötchen auf dem Findorffmarkt - Frühstück
Adresse: Neukirchstraße 45 · 28215 Bremen
Internet: www.findorffer-wochenmarkt.de
Besonderheit: Das Bremer Original essen auf einem der größten und schönsten Wochenmärkte der Stadt

Für Elise
Frühstück – Mittagessen – für zwischendurch
Adresse: Wartburgstraße 71 · 28217 Bremen
Telefon: 0421 / 57828986
Besonderheit: Besonders leckere Waffeln und Kuchen, familienfreundlich, Kinderspielecke

---

Katjas Villa Kunterbunt
Frühstück – Mittagessen – für zwischendurch
Adresse: Münchener Straße 80 · 28215 Bremen
Telefon: 0421 / 67308304
Internet: www.katjas-villa-kunterbunt.de
Besonderheit: buntes, familienfreundliches Café, süße und herzhafte Leckereien

---

Markthalle 8
Mittagessen – Abendessen – für zwischendurch
Adresse: Domshof 8-12 · 28195 Bremen
Telefon: 0421 / 9896970
Internet: www.markthalleacht.de
Besonderheit: Große Auswahl an verschiedenen Essensrichtungen (koreanisches Essen bis Pizza), viele Veranstaltungen und häufig Musik

---

Mayer Junior
Für zwischendurch
Adresse: Rablinghauser Landstraße 30 · 28197 Bremen
Telefon: 0421 / 540218
Internet: www.mayer-junior.de
Besonderheit: Schokoküsse direkt vom Fließband auf die Hand

Pannekoekschip Admiral Nelson
Mittagessen - Abendessen
Adresse: Schlachte Anleger 1 · 28195 Bremen
Telefon: 0421 / 3649984
Internet: www.admiral-nelson.de
Besonderheit: Erlebnis auf einem alten Segelschiff, Pfannkuchen in allen Variationen essen, von herzhaft bis süß

Das etwas andere Übernachten

Ihr sucht nach einer Übernachtung der besonderen Art? Dann seid Ihr hier genau richtig!

Wir haben uns in die weichen Betten Bremens gelegt und einige außergewöhnliche Unterkünfte getestet. Hier kommt eine bunte Auswahl an Übernachtungsmöglichkeiten für Euch:

7Things Hotel
Besonderheit:
Familien bis zu 5 Personen im Familienzimmer
Adresse: Universitätsallee 4 · 28359 Bremen
Telefon: 0421 / 69677377
Internet: www.7things.de/hotel-bremen

ATLANTIC Hotel Sail City
Besonderheit: Tolle Lage mit Panoramablick
Adresse: Am Strom 1 · 27568 Bremerhaven
Telefon: 0471 / 309900
Internet: www.atlantic-hotels.de/hotel-sail-city-bremerhaven

Biohof Kaemena
Besonderheit:
Ferienwohnungen mit Kuh, Kunst und Kulinarischem
Adresse: Niederblockland 6 · 28357 Bremen
Telefon: 0421 / 273368
Internet: www.kaemena-blockland.de

DJH Jugendherberge Bremen
Besonderheit:
Übernachten auf dem Gästeschiff „Die Weser" möglich
Adresse: Kalkstraße 6 · 28195 Bremen
Telefon: 0421 / 163820
Internet: https://bremen.jugendherberge.de

HafenTraum Indoor Hostel Camp
Besonderheit:
Weltreise-Gefühl in Oldtimer-Wohnwagen oder Tiny Houses
Adresse: Cuxhavener Straße 7 · 28217 Bremen
Telefon: 0421 / 3038958
Internet: www.hafentraum.de

Schulschiff Deutschland
Besonderheit:
Seefahrer- Romantik pur an Bord eines Großseglers
Adresse: Zum Alten Speicher 15 · 28759 Bremen
Telefon: 0421 / 6587373
Internet: https://schulschiff-deutschland.de

Antworten zu Spiel & Spaß

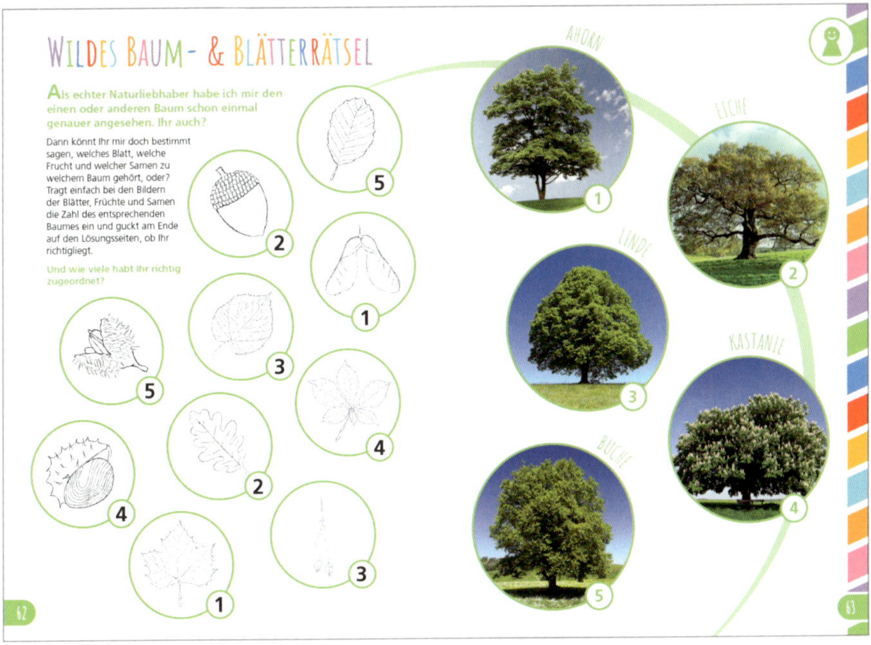

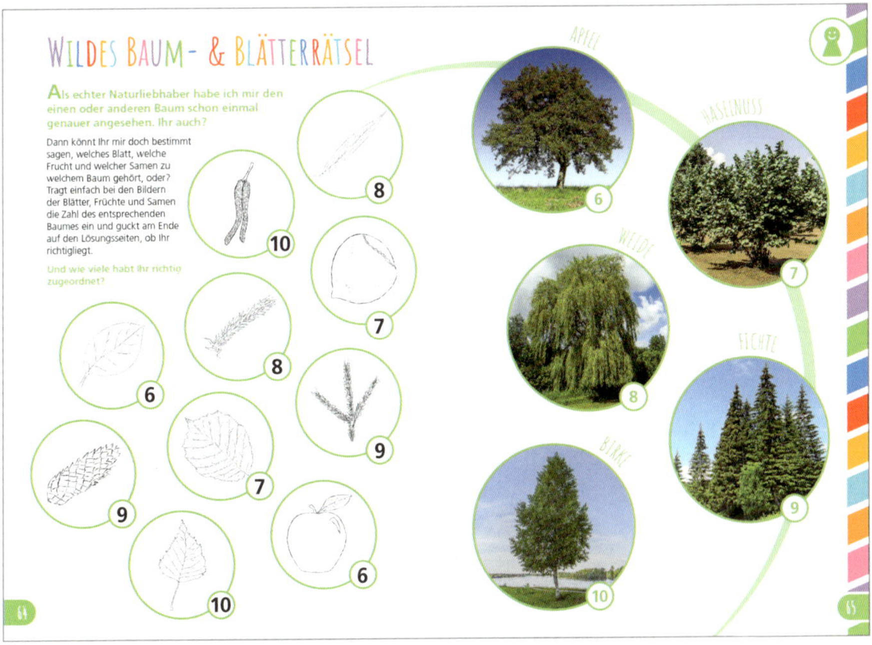

Lösung Seite 119: 1–E 2–B 3–D

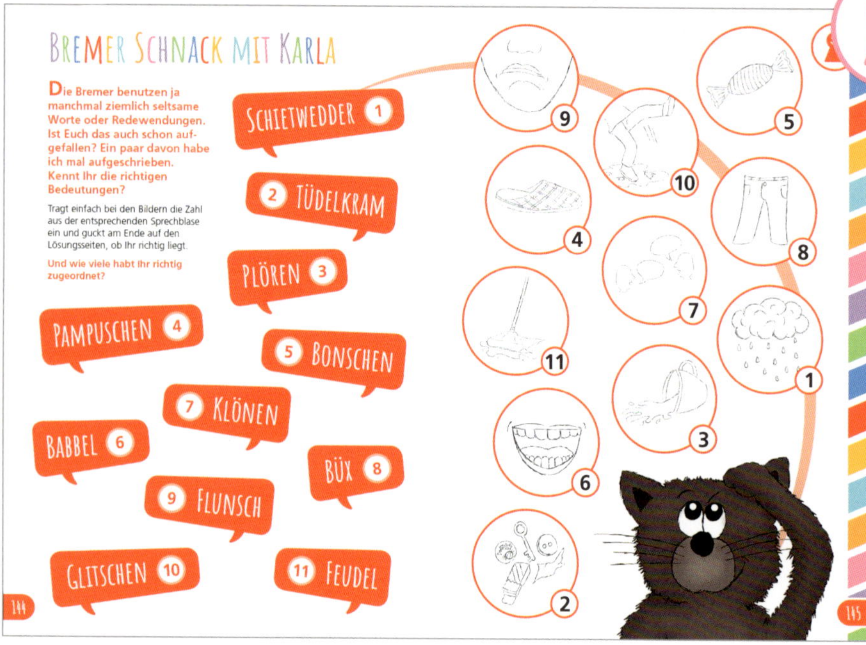

Bremer Schnack mit Karla

Die Bremer benutzen ja manchmal ziemlich seltsame Worte oder Redewendungen. Ist Euch das auch schon aufgefallen? Ein paar davon habe ich mal aufgeschrieben. Kennt Ihr die richtigen Bedeutungen?

Tragt einfach bei den Bildern die Zahl aus der entsprechenden Sprechblase ein und guckt am Ende auf den Lösungsseiten, ob Ihr richtig liegt.

Und wie viele habt Ihr richtig zugeordnet?

144 145

1 Schietwedder: schlechtes Wetter
2 Tüdelkram: Kleinkram
3 Plören: kleckern
4 Pampuschen: Hausschuhe/Pantoffeln
5 Bonschen: Bonbon
6 Babbel: Mund
7 Klönen: gemütlich plaudern
8 Büx: Hose
9 Flunsch: ein schlecht gelauntes Gesicht machen
10 Glitschen: ausrutschen
11 Feudel: Wischlappen

Wer kommt woher?

Wie Ihr wisst, bin ich gerne auf Reisen und Ihr sicherlich auch, sonst hättet Ihr nun bestimmt nicht diesen Reiseführer in den Händen.

Die ganze Welt habe ich leider noch nicht gesehen, aber in den vielen Parks sind mir schon einige fremde Zwei- und Vierbeiner über den Weg gelaufen. Euch auch? Dann seid Ihr doch mit Sicherheit richtige Tier-Experten und könnt mir sagen, welche Tiere woher stammen.

Tragt bei den Bildern einfach die Zahl des entsprechenden Kontinents ein und schaut auf den Lösungsseiten, ob Ihr richtig liegt!

206 207

REISE(S)PASS

1. Fülle Deinen Reise(s)pass auf den folgenden Seiten mit den Stempeln der jeweiligen Attraktion und entdecke viele tolle Rabatte und Aktionen.
2. Als kleine Erinnerung kannst Du eintragen, mit wem Du da warst.

Zum Entwerten hier Firmenstempel setzen

HAL ÖVER BREMER FAHRGASTSCHIFFFAHRT

(Adresse siehe Seite 72)

ICH WAR HIER MIT: ________________

2 für 1
Beim Kauf eines Bechers Kakao gibt es einen 2ten Becher (Kakao/Kaffee oder Tee) kostenlos dazu

---

Zum Entwerten hier Firmenstempel setzen

MAISLABYRINTH

(Adresse siehe Seite 86)

ICH WAR HIER MIT: ________________

2 x freies Stockbrot am Lagerfeuer ab 17:00 Uhr

Zum Entwerten hier Firmenstempel setzen

PARADICE - SCHLITTSCHUHLAUFEN

(Adresse siehe Seite 96)

ICH WAR HIER MIT: ________________

2 für 1 für Schlittschuh-Verleih
Es kann eine zweite Person (preisgleich oder günstiger) kostenlos Schlittschuhe ausleihen
Sonderkonditionen: gültig Mo-Fr außerhalb der Schulferien

Wichtig zu beachten: Coupons können nur unter Vorlage des vollständigen Buchs eingelöst werden. Coupons sind nicht zwingend mit anderen Rabatten und Aktionen kombinierbar.

Zum Entwerten hier Firmenstempel setzen

Adventure Golf

(Adresse siehe Seite 100)

Ich war hier mit: ________________

2 für 1, bei 2 Spielern bezahlt nur einer
(günstiger oder wertgleiche gratis)

Zum Entwerten hier Firmenstempel setzen

Adventure Golf

(Adresse siehe Seite 100)

Ich war hier mit: ________________

1 x 20 % Rabatt auf Einzel- oder Gruppentarif

Zum Entwerten hier Firmenstempel setzen

SchwarzLichtHof

(Adresse siehe Seite 102)

Ich war hier mit: ________________

Dieser Coupon gilt für eine Familie: 1,00 € Rabatt pro Person (maximal 4 Personen)
(keine Rabattkombinationen mit anderen Rabatten)

Zum Entwerten hier Firmenstempel setzen

Minigolf-Helden

(Adresse siehe Seite 104)

Ich war hier mit: ________________

1 Freigetränk beim Kauf einer Eintrittskarte

Für alle gilt: Die Gültigkeit der Coupons bezieht sich auf die Erstausgabe und besteht bis zum 31.12.2022.

Zum Entwerten hier Firmenstempel setzen

LaserSky Bremen

(Adresse siehe Seite 106)

Ich war hier mit: ________________

1 Freigetränk beim Kauf einer Eintrittskarte

Zum Entwerten hier Firmenstempel setzen

Hafenrummel

(Adresse siehe Seite 108)

Ich war hier mit: ________________

Dieser Coupon gilt für eine Familie: 1,00 € Rabatt pro Person (maximal 4 Personen)
(keine Rabattkombinationen mit anderen Rabatten)

Zum Entwerten hier Firmenstempel setzen

Linie 7

(Adresse siehe Seite 115)

Ich war hier mit: ________________

50 % auf ein Tages-Familienticket
(Ein Erwachsener und ein Kind oder zwei Erwachsene und ein Kind - weitere Kinder bei beiden Familientickets ebenfalls 50 %! Maximale Kinder pro erwachsene Person: 2)

Zum Entwerten hier Firmenstempel setzen

Jump House

(Adresse siehe Seite 116)

Ich war hier mit: ________________

Gratis-Slushy 0,3l beim Kauf einer Eintrittskarte

Wichtig zu beachten: Coupons können nur unter Vorlage des vollständigen Buchs eingelöst werden. Coupons sind nicht zwingend mit anderen Rabatten und Aktionen kombinierbar.

Zum Entwerten hier Firmenstempel setzen

Bremer Abenteuerland

(Adresse siehe Seite 120)

Ich war hier mit: ________________

1 Kind zahlt und 1 Erwachsener hat freien Eintritt
(ausgenommen: reservierte Geburtstage;
nicht kombinierbar mit anderen Rabatten)

Zum Entwerten hier Firmenstempel setzen

Bremer Abenteuerland

(Adresse siehe Seite 120)

Ich war hier mit: ________________

1 Kind zahlt und 1 Erwachsener hat freien Eintritt
(ausgenommen: reservierte Geburtstage;
nicht kombinierbar mit anderen Rabatten)

Zum Entwerten hier Firmenstempel setzen

Bremer Geschichtenhaus

(Adresse siehe Seite 142)

Ich war hier mit: ________________

Eintritt für eine Familie (2 Erwachsene und bis zu 5 Kindern) zum Preis von 7,50 € statt 14,90 €

Zum Entwerten hier Firmenstempel setzen

Hafenmuseum Speicher XI

(Adresse siehe Seite 146)

Ich war hier mit: ________________

Eine kostenlose "süße Lohntüte" im Museumsshop

Für alle gilt: Die Gültigkeit der Coupons bezieht sich auf die Erstausgabe und besteht bis zum 31.12.2022.

Zum Entwerten hier Firmenstempel setzen

Schuppen Eins

(Adresse siehe Seite 150)

Ich war hier mit: _________________

Du zahlst 50,00 € statt 60,00 € für die Gruppenführung.

Zum Entwerten hier Firmenstempel setzen

Sterne gucken

(Adresse siehe Seite 160)

Ich war hier mit: _________________

2 für 1
Es kann eine zweite Person (preisgleich oder günstiger) kostenlos mit ins Planetarium.

Zum Entwerten hier Firmenstempel setzen

Bremenlotsen Hexen, Geister, Dunkle Gassen

(Adresse siehe Seite 163)

Ich war hier mit: _________________

2 für 1
Es kann eine zweite Person (preisgleich oder günstiger) kostenlos an einer Führung teilnehmen

Zum Entwerten hier Firmenstempel setzen

Deutsches Schifffahrtsmuseum

(Adresse siehe Seite 176)

Ich war hier mit: _________________

Kleine Überraschung an der Kasse

Wichtig zu beachten: Coupons können nur unter Vorlage des vollständigen Buchs eingelöst werden. Coupons sind nicht zwingend mit anderen Rabatten und Aktionen kombinierbar.

Zum Entwerten hier Firmen-stempel setzen

Phänomenta Bremerhaven

(Adresse siehe Seite 178)

Ich war hier mit: ________________

Eine "Fahrt in die Tiefe" kostenlos in Verbindung mit dem Kauf einer Eintrittskarte

Zum Entwerten hier Firmen-stempel setzen

Phänomenta Bremerhaven

(Adresse siehe Seite 178)

Ich war hier mit: ________________

1,00 € Rabatt auf eine Kindereintrittskarte
(nicht kombinierbar mit anderen Rabatten und Aktionen)

Zum Entwerten hier Firmen-stempel setzen

Tiergarten Ludwigslust

(Adresse siehe Seite 198)

Ich war hier mit: ________________

1,00 € Rabatt auf eine Kindereintrittskarte
(nicht kombinierbar mit anderen Rabatten und Aktionen)

Zum Entwerten hier Firmen-stempel setzen

Weltvogelpark Walsrode

(Adresse siehe Seite 200)

Ich war hier mit: ________________

2,00 € Rabatt auf den regulären Tagespreis für Erwachsene und Kinder (3-12 Jahre)
(gültig für je 2 Erwachsene und 2 Kinder)

Für alle gilt: Die Gültigkeit der Coupons bezieht sich auf die Erstausgabe und besteht bis zum 31.12.2022.

Zum
Entwerten
hier Firmen-
stempel
setzen

Deutsches Pferdemuseum

(Adresse siehe Seite 204)

Ich war hier mit: ________________

Kostenlose Rätselralley durchs Deutsche Pferdemuseum

Zum
Entwerten
hier Firmen-
stempel
setzen

Daisy's Diner

(Adresse siehe Seite 222)

Ich war hier mit: ________________

1 Gratis-Kugel Eis von der Kinderkarte (für Kinder bis 12 Jahre)
(Gilt in Verbindung mit 1 vollzahlendem Erwachsenden am Montag, Dienstag und Mittwoch bis 18:00 Uhr)

Wichtig zu beachten: Coupons können nur unter Vorlage des vollständigen Buchs eingelöst werden. Coupons sind nicht zwingend mit anderen Rabatten und Aktionen kombinierbar.
Für alle gilt: Die Gültigkeit der Coupons bezieht sich auf die Erstausgabe und besteht bis zum 31.12.2022.

Impressum

Illustrationen: Alicia Abramowski, Jan Engel (Icons)
Karten: Alicia Abramowski (S. 206), Bremer Straßenbahn Aktiengesellschaft (S. 240 f.); Jan Engel (S. 60/61), Franziska Thomas (Umschlag-Karte Bremen, S. 30/31, S. 34/35, S. 42/43, S. 46/47, S. 50/51, S. 68/69, S. 186/187)
Layout/Umschlaggestaltung: Jan Engel
Lektorat, Korrektorat: Lena Rudert
Texte und Recherche: Alicia Abramowski, Franziska Schulz
Weitere Mitwirkende: Christian Armerding, Torben Plietker, Sebastian Wessel

Verlag: Scio GmbH · Schwachhauser Heerstr. 349d · 28211 Bremen

Druck: Karl Schmidt Druckerei GmbH · Bremen

ISBN: 978-3-948408-00-8

Bibliografische Information der Deutschen Nationalbibliothek:
Die Deutsche Nationalbibliothek verzeichnet diese Publikation in der Deutschen Nationalbibliografie; detaillierte bibliografische Daten sind im Internet über http://dnb.dnb.de abrufbar.

Haftungsausschluss

Die Benutzung dieses Buches und die Umsetzung der darin enthaltenen Informationen erfolgt ausdrücklich auf eigenes Risiko. Der Verlag und der Autor haften nicht für etwaige Unfälle und Schäden materieller oder ideeller Art, die sich beim Besuch der in diesem Buch aufgeführten Orten ergeben. Auch Haftungsansprüche gegen den Verlag und den Autor für Schäden, die durch die Nutzung oder Nichtnutzung der Informationen bzw. durch die Nutzung fehlerhafter und/oder unvollständiger Informationen verursacht wurden, sind ausgeschlossen. Rechts- und Schadenersatzansprüche sind daher ausgeschlossen. Das Werk inklusive aller Inhalte wurde mit größter Sorgfalt erstellt. Der Verlag und der Autor übernehmen keine Haftung für die Aktualität, Richtigkeit und Vollständigkeit der Inhalte, ebenso nicht für Druckfehler. Dieses Werk enthält Links auf Webseiten Dritter, für deren Inhalte der Verlag und der Autor keine Haftung übernehmen. Für die Inhalte dieser Webseiten sind ausschließlich die Betreiber der Webseiten verantwortlich. Der Verlag und der Autor verweisen lediglich auf diese Webseiten und machen sich deren Inhalt nicht zu eigen. Zum Zeitpunkt der Verwendung waren keinerlei illegalen Inhalte auf den Webseiten vorhanden.

Bildverzeichnis

Abramowski, Alicia:
Umschlag-Karte Bremen: Denkort Bunker Valentin, Fallturm, Mahndorfer See, Rhododendron-Park, Schulschiff Deutschland; S. 16 unten; S. 17 Mitte, unten; S. 18 rechts; S. 21 Mitte rechts; S. 22 Mitte, unten links; S. 25 unten links; S. 26 oben; S. 27; S. 28 unten rechts; S. 29 Mitte rechts; S. 32 unten rechts; S. 36 Mitte links; S. 38; S. 39; S. 40; S. 41; S. 45 unten rechts; S. 48; S. 49; S. 66 oben links; S. 67; S. 70; S. 72; S. 73 oben rechts, unten links, unten rechts; S. 74 oben, unten; S. 83 unten rechts; S. 86; S. 87; S. 88; S. 89; S. 96; S. 98 Mitte, unten; S. 99; S. 137 Mitte rechts; S. 139 oben rechts, unten rechts; S. 140 oben; S. 142; S. 143; S. 148; S. 149; S. 156, S. 157; S. 158 oben, unten; S. 159 oben rechts; S. 161 unten rechts; S. 162 unten links; S. 173 unten links; S. 176 oben links, Mitte links, unten links; S. 177; S. 184 oben rechts, links, unten rechts; S. 185; S. 190; S. 191; S. 194 oben links; S. 195 unten rechts; S. 198; S. 199; S. 200; S. 201; S. 202; S. 203; S. 207; S. 208; S. 209; S. 210; S. 211; S. 216 unten links; S. 221 oben, unten; S.224 oben links, unten links

Abramowski, Karin:
S. 26 unten links, unten rechts; S. 44 oben klein, Mitte links, unten links, unten rechts; S. 45 oben links, unten links, oben rechts, Mitte rechts

Koepnick, Harro:
S. 73 oben links, Mitte unten

Plietker, Torben:
S. 98 oben links

Shutterstock Inc.:
S. 124 links, S. 125 unten links (Africa Studio); S. 125 oben links (Aleksandar Karanov); S. 63 oben rechts (Allen Paul Photography); S. 93 unten rechts (Anna Kraynova); S. 92 unten links (Billion Photos); S. 183 oben links (BlueOrange Studio); S. 124 unten rechts (Boris Medvedev); S. 158 Mitte rechts, S. 159 unten links (Charlotte Bleijenberg); S. 182 oben links (Daxiao Productions); S. 65 oben rechts (Deyan Georgiev); S. 63 unten rechts (dugdax); S. 183 unten rechts (ESB Professional); S. 93 oben links (EvgeniiAnd); S. 97 oben links (FamVeld); S. 181 oben links (Firma V); S. 81 oben links (Fotografiecor.nl); S. 97 unten rechts (FotoHelin); S. 183 Mitte rechts (gorillaimages); S. 182 Mitte rechts (Haye Kesteloo); S. 182 oben rechts (Ivonne Wierink); S. 63 oben links (Jan Martin Will); S. 184 unten Mitte (Jenny Sturm);

Bildverzeichnis

Shutterstock Inc.:
S. 182 unten links (Kaesler Media); S. 81 oben rechts (KaliAntye);
S. 65 oben links (konzeptm); S. 126 rechts (LightField Studios); S. 180 oben rechts (majaan);
S. 183 unten links (Marina Andrejchenko); S. 124 oben rechts (marino bocelli);
S. 180 unten rechts (Michael Thaler); S. 124 Mitte rechts (Mindscape studio);
S. 65 unten links (Niko_V); S. 181 oben rechts (pasibald92); S. 81 unten rechts (pavla);
S. 65 Mitte links (ricok); S. 93 oben rechts (Robert Kneschke);
S. 93 unten links (sakkmesterke); S. 159 oben links (schubbel); S. 65 unten rechts (Serg64);
S. 182 Mitte links (Shestakoff); S. 93 unten Mitte (Sk Elena);
S. 82 oben rechts (Tatyana Abramovich); S. 183 oben rechts (Terrie L. Zeller);
S. 181 Mitte links (ThomBal); S. 182 unten rechts (Vadym Sh); S. 92 unten rechts (VaLiza);
S. 63 Mitte links, unten links (Wolfgang Filser); S. 92 oben rechts (YanLev);
S. 115 unten links (zhukovvvlad);

Wessel, Sebastian:
Cover, Umschlag-Karte Bremen: Bauernhaus, Blindengarten e.V., Bremerhaven komplett, Flughafen, Roland, Schlachte, Wohninvest Weserstadion; S. 16 oben; S. 17 oben;
S. 18 links; S. 19; S. 20; S. 21 oben, unten links, unten rechts; S. 22 oben, unten rechts;
S. 23; S. 24; S. 25 oben, Mitte, unten rechts; S. 26 Mitte rechts;
S. 28 oben links, Mitte links, unten links, oben rechts; S. 29 oben, unten links;
S. 32 beide oben links, oben rechts; S. 33; S. 36 oben links, unten links, unten rechts;
S. 37; S. 44 oben rechts, oben links; S. 52; S. 53; S. 54; S. 55; S. 58; S. 59;
S. 66 unten links; S. 75; S. 76; S. 77; S. 78; S. 79; S. 80; S. 82 Mitte, unten;
S. 83 oben links, oben rechts; S. 100; S. 101; S. 102; S. 103; S. 104; S. 105; S. 106;
S. 107; S. 108; S. 109; S. 110; S. 111; S.112; S. 113; S. 114; S. 115 oben, unten;
S. 116; S. 117; S. 118; S. 119; S. 120; S. 122; S. 123; S. 126 oben, unten; S. 130;
S. 131; S. 132; S. 133; S. 134; S. 135; S. 136;
S. 137 beide oben links, unten links, unten rechts; S. 138; S. 139 oben links, Mitte;
S. 140 unten links, unten rechts; S. 141; S. 146; S. 147; S. 150; S. 151; S. 152; S. 153;
S. 154; S. 155; S. 160; S. 161 oben, Mitte; S. 162 oben rechts, Mitte rechts, unten rechts;
S. 168; S. 169; S. 170; S. 171; S. 172;
S. 173 oben links, oben rechts, Mitte rechts, unten rechts; S. 174; S. 175;
S. 176 oben rechts, Mitte rechts, unten rechts; S. 178; S. 179; S. 180 beide oben links;
S. 181 unten rechts; S. 188; S. 189; S. 192; S. 193;
S. 194 unten links, unten Mitte, unten rechts; S. 195 oben links, oben rechts, unten links;
S. 196; S. 197; S. 204; S. 205; S. 216 oben links; S. 217; S. 220; S. 221 Mitte;
S. 224 oben rechts, Mitte rechts, unten rechts

Schade, nun ist das Buch schon zu Ende!
Hattet Ihr genauso viel Spaß wie wir? Dann kommt doch einfach mit uns auf neue Reisen! Wir sind gespannt, welche Abenteuer dort auf uns warten.
Kennt Ihr schon die Berliner Großstadtbärin Mandy und Pit, die Hamburger Hafenmöwe?

Schaut doch einfach mal bei uns vorbei:
www.scio-verlag.de
Nein? Dann solltet Ihr uns unbedingt kennenlernen!
Wir freuen uns auf Euch!
NÄCHSTES ZIEL?
HAMBURG
BREMEN
BERLIN

Öffentlicher Verkehr

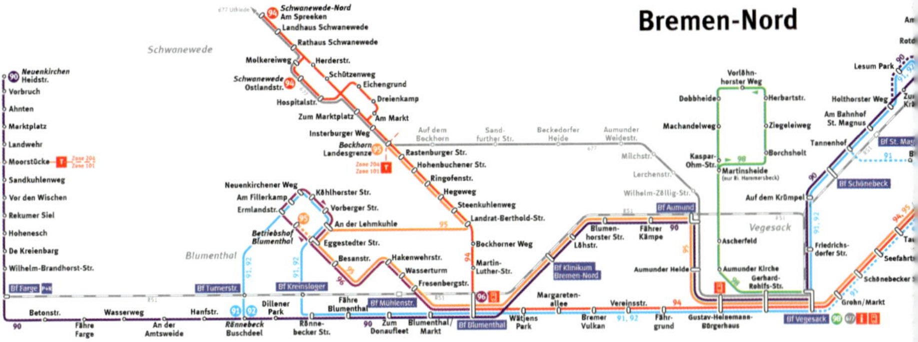

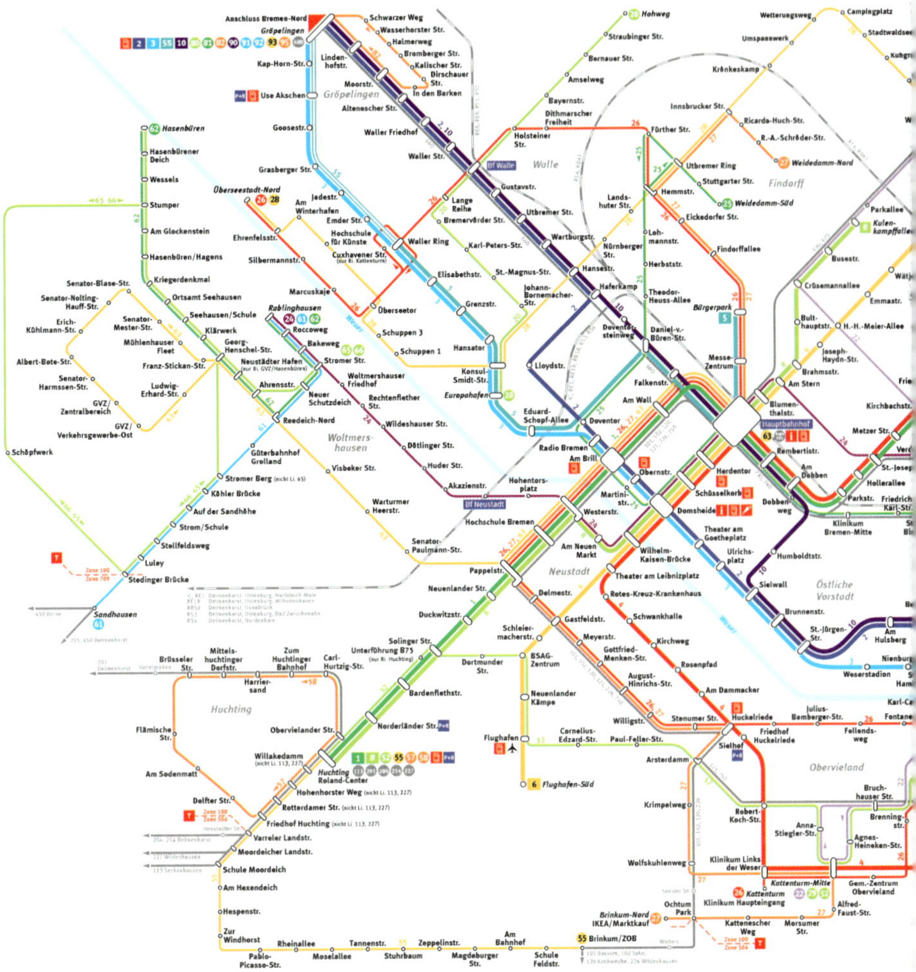